COMO LER TEOLOGIA

Como ler teologia fornece um excelente guia para o panorama muitas vezes confuso da teologia. Karin Stetina escreve com vigor e clareza, valendo-se de seu amplo conhecimento dos principais teólogos e filósofos. Seu estilo fluido, combinado com ilustrações eficazes, beneficiará pastores e estudantes de teologia que desejam conhecer melhor a Deus e a si mesmos.

Lynn H. Cohick, reitora/deã, Denver Seminary

A professora Stetina é uma colega muito respeitada. Ela é conhecida pelo tremendo conhecimento de suas áreas de atuação, teologia histórica e história da igreja, e é uma excelente comunicadora. Portanto, não é surpresa que este livro maravilhoso seja uma combinação de conteúdo relevante e de alta qualidade com um estilo prático e fácil de ler. Amo o fato de Stetina ver a teologia como deve ser vista: um ramo do *conhecimento*. Consequentemente, ela leva a teologia muito a sério. E a seleção de tópicos é fundamental para um estudo mais aprofundado. Na verdade, não conheço outro livro que enfoque a gama específica dos prolegômenos da teologia como este. Gostaria de ter tido acesso a esta obra antes de entrar no seminário. Leigos e estudantes aprenderão a ler teologia com maior discernimento se lerem *Como ler teologia*. Recomendo-o enfaticamente.

J. P. Moreland, professor emérito de filosofia, Talbot School of Theology, Biola University, e autor de *Love your God with all your mind*

Este livro pode muito bem ser o primeiro desse tipo – pelo menos eu não conheço nenhum outro igual. Minha amiga e ex-colega Karin Stetina elaborou um guia prático e repleto de valiosos *insights* para estudantes de teologia. Ler teologia hoje pode ser uma tarefa intimidante se não tivermos nenhuma sinalização clara que nos direcione, nem avisos sobre quem e o que evitar. Este livro é exatamente o que o mundo cristão precisava: um manual sábio, equilibrado e objetivo sobre quais perguntas fazer quando se lê teologia. Tenho a forte impressão de que esta obra extremamente útil será o guia de referência--padrão pelos próximos anos.

Sam Storms, Igreja Bridgeway, Oklahoma City

A obra mais recente de Karin Stetina instrui os leitores de teologia com abordagens úteis e eficazes para que se tornem leitores perspicazes, mas sem terem de colocar de lado suas convicções de fé. Este livro repleto de *insights* e acessível com certeza se tornará uma obra crucial para estudantes de teologia que valorizam um método consistente no desenvolvimento de seu trabalho.

Jennifer Powell McNutt, professora associada de estudos bíblicos e teológicos da cátedra Franklin S. Dyrness, Wheaton College

KARIN SPIECKER STETINA

COMO LER TEOLOGIA

APRENDA A ABORDAR TEXTOS TEOLÓGICOS COM CONFIANÇA E INTENCIONALIDADE

Título original: *How to read theology for all its worth: a guide for students*
Copyright © 2020 por Karin Spiecker Stetina
Copyright da tradução © 2022 por Vida Melhor Editora Ltda.
Edição original por Zondervan. Todos os direitos reservados.
Todos os direitos desta publicação são reservados por Vida Melhor Editora Ltda.

PUBLISHER	Samuel Coto
TRADUÇÃO	Leandro Bachega
EDITOR	Guilherme H. Lorenzetti
PREPARAÇÃO	Paulo Nishihara
REVISÃO	Contato Editorial
CAPA	Jonatas Belan
DIAGRAMAÇÃO	Caio Cardoso

Os pontos de vista desta obra são de total responsabilidade de sua autora, não refletindo necessariamente a posição da Thomas Nelson Brasil, da HarperCollins Christian Publishing ou de sua equipe editorial.

As citações bíblicas sem a indicação da versão foram traduzidas diretamente da English Standard Version.

Dados Internacionais de Catalogação na Publicação (CIP)

S878c   Stetina, Karin Spiecker
1.ed.   Como ler teologia : aprenda a abordar textos teológicos com confiança e
           intencionalidade / Karin Spiecker Stetina ; tradução Leandro Bachega. – 1.ed. –
           Rio de Janeiro : Thomas Nelson Brasil, 2022.
              192 p.; 15,5 x 23 cm.

              Título original: *How to read theology for all its worth.*
              ISBN: 978-65-56893-92-1

              1. Crítica literária. 2. Teologia – Estudo e ensino. I. Bachega, Leandro. II. Título.

10-2021/19   CDD 230.07

Índice para catálogo sistemático:
1. Teologia : Estudo e ensino   230.07

Bibliotecária responsável: Aline Graziele Benitez CRB-1/3129

Thomas Nelson Brasil é uma marca licenciada à Vida Melhor Editora Ltda.
Todos os direitos reservados à Vida Melhor Editora Ltda.
Rua da Quitanda, 86, sala 218 – Centro
Rio de Janeiro – RJ – CEP 20091-005
Tel.: (21) 3175-1030
www.thomasnelson.com.br

*Dedico este livro e todo o meu trabalho
ao meu Senhor e Salvador, Jesus Cristo,
que é a razão de eu ser uma teóloga.*

Portanto, como vocês receberam a Cristo Jesus, o Senhor, assim
andem nele, enraizados e edificados nele, e firmados na fé,
como foram ensinados, abundando em ação de graças.

Colossenses 2:6-7

SUMÁRIO

Agradecimentos *11*

Prefácio *13*

INTRODUÇÃO: TORNANDO-SE UM ESTUDANTE DE TEOLOGIA *15*

1. VISÃO GERAL: FAMILIARIZANDO-SE COM AS FERRAMENTAS
   DO LEITOR COM DISCERNIMENTO *23*

2. PREPARANDO-SE PARA LER TEOLOGIA PLENAMENTE:
   MERGULHAR NA ORAÇÃO E NA ESCRITURA *33*

3. PRIMEIROS PASSOS: ANALISANDO CARACTERÍSTICAS DO
   TEXTO E INFORMAÇÕES DA PUBLICAÇÃO *43*

4. IDENTIFICANDO O CONTEXTO: FAMILIARIZANDO-SE COM
   O TEÓLOGO *61*

5. DISCERNINDO O ARCABOUÇO TEOLÓGICO: COMO
   IDENTIFICAR O TEMA DA OBRA E A MANEIRA COMO ELE É
   COMUNICADO *79*

6. DESCOBRINDO AS FONTES: IDENTIFICANDO OS
   FUNDAMENTOS DA OBRA *95*

7. DISCERNINDO A VISÃO DO TEÓLOGO: OUVINDO O ARGUMENTO
   PRINCIPAL, OS PONTOS-CHAVE E OS TERMOS-CHAVE *113*

8. AVALIANDO: AFERINDO E APLICANDO A OBRA TEOLÓGICA ... *127*

10 COMO LER TEOLOGIA

Apêndice 1: Capacitando outros a lerem teologia plenamente 145

Apêndice 2: Uma seleção de teólogos e obras teológicas importantes 155

Apêndice 3: Como dialogar com uma obra teológica 167

Apêndice 4: Um guia para participar de uma discussão teológica 169

Apêndice 5: Como conduzir uma discussão teológica 173

Apêndice 6: Perguntas para discussão teológica de A unidade da igreja, de Cipriano 177

Glossário 179

Índice geral 189

AGRADECIMENTOS

Sou grata a todas as pessoas que contribuíram para este trabalho, em particular a Joanne Jung e a meus colegas da Talbot School of Theology – Erik Thoennes, Leon Harris, Andy Draycott, Rob Lister, Thaddeus Williams e John McKinley –, que me encorajaram a levar adiante este projeto. Também agradeço a Uche Anizor, Doug Huffman e Doug Geivett, que fizeram contribuições importantes para o desenvolvimento de vários capítulos.

Um agradecimento especial a meu irmão Eric Spiecker e a minha brilhante amiga Kristy Wellman Reardon, por me ajudarem a revisar um primeiro esboço. Também aos meus queridos amigos Mary Vosburg, Ginny Barta, Manya Gyuro, Darcy Faitel e Paula Wilding, por serem a minha torcida na vida. Sem vocês, eu jamais teria coragem de assumir este projeto.

Sou grata à Biola University e à Talbot School of Theology, por me concederem uma licença para pesquisa no outono de 2018, a fim de concluir o manuscrito desta obra. Também demonstro meu apreço ao Langham Literature, ministério da Langham Partnership dedicado a publicações, por me permitir utilizar e expandir meu capítulo intitulado "Capacitando alunos a ler teologia com discernimento", do livro *Thinking theological about language teaching*, editado por Cheri Pierson e Will Bankston.

Madison Trammel e a equipe da Zondervan, obrigada por seu entusiasmo com este projeto, desde o início, e por sua valiosa ajuda ao longo do caminho.

Por fim, agradeço a minha família – vocês foram pacientes e amorosos, enquanto eu passei longas horas trabalhando neste projeto.

A teologia é uma busca séria pelo verdadeiro conhecimento de Deus, empreendida em resposta a sua autorrevelação, iluminada pela tradição cristã, que manifesta coerência interna racional, resulta em uma conduta ética, repercute no mundo contemporâneo e se preocupa com a maior glória de Deus.

John Stott, *Theology: a multidimensional discipline*

O coração esclarecido adquire conhecimento, e o ouvido dos sábios busca conhecimento.

Provérbios 18:15

PREFÁCIO

Na igreja de Jesus Cristo não pode, nem deve, haver não teólogos.

Karl Barth, *Karl Barth letters, 1961-68*

Quer reconheçamos quer não, somos todos teólogos. Todos temos convicções sobre Deus e a criação, e lemos as Escrituras de acordo com essas convicções. A verdadeira questão não é *se* somos teólogos, mas sim se somos *bons* teólogos. Estamos descobrindo e proclamando com fidelidade o conhecimento verdadeiro, que nasce da atitude de ouvir, interpretar e viver a Palavra de Deus com fidelidade?

Antes da faculdade, nunca tinha ouvido a palavra *teologia* e não sabia em absoluto que cristãos fiéis, que criam na Bíblia, tinham perspectivas diferentes sobre as Escrituras. Minha abordagem teológica era muito simples: ler a Bíblia e tentar fazer o que ela diz, às vezes acrescentando a oração ao pacote. Quando era caloura na faculdade, fiz um curso intitulado "Doutrina Cristã" e comecei a perceber que seguidores fiéis de Cristo nem sempre interpretavam da mesma maneira as passagens da Escritura.

E, quando ficava acordada até tarde da noite discutindo com meus colegas de turma se Deus nos predestina para o céu ou se escolhemos Cristo livremente, percebi que minha abordagem simplista não resistiria a uma pergunta tão desafiadora. Meu professor nos passou leituras de Santo Agostinho, para nos ajudar no labirinto do que ele chamava de "o debate da predestinação *versus* o livre-arbítrio". Infelizmente, Agostinho me deixou ainda mais confusa do que eu já estava. Parecia que eu estava lendo grego. E não acho que estou sozinha nessa experiência. Embora meu curso sobre obras clássicas, segundo o método Great Books[1], no Ensino Médio, tenha me ensinado a lê-las, eu colocava

---

1   *Great books of western world* é uma coleção muito famosa nos Estados Unidos, organizada por Mortimer Adler e Robert Maynard Hutchins, entusiastas da chamada educação clássica. (N. do R.)

de lado essas ferramentas de leitura quando lia a Bíblia ou teologia, por acreditar que a fé deveria ser algo simples e direto.

Foi só quando me sentei para escrever minha dissertação de mestrado que realmente comecei a me sentir preparada para ser guiada pela tradição cristã, permitindo assim que a "grande nuvem de testemunhas" (Hebreus 12:1, NVI) me ajudasse a interpretar as Escrituras. Agora percebo, no entanto, que ninguém precisa esperar até escrever uma dissertação de mestrado para aprender a ler teologia com sabedoria e discernimento. Este livro busca treinar estudantes na arte de ler teologia, na esperança de que possam compreendê-la em sua plenitude.

Muitas pessoas contribuíram para me ensinar a ler teologia, incluindo minha professora do Ensino Médio, a sra. Schwalbach. Ela me apresentou a obra *How to read a book*,[2] de Mortimer Adler, e fez nascer em mim uma paixão pelos clássicos e pelas discussões socráticas. Também sou grata por *The lost tools of learning*,[3] de Dorothy Sayers, e por *The abolition of man*,[4] de C. S. Lewis, e pelas obras pioneiras de Charlotte Mason sobre educação. Essas obras me ajudaram a reconhecer a importância de preparar minha cabeça, meu coração e minhas mãos para pensar, amar e fazer o que é bom, puro e verdadeiro; também me ensinaram a ver os livros como grandes parceiros em minha caminhada cristã. Meus professores na graduação e pós-graduação – Frank A. James III, Mark Noll, Alister McGrath, Timothy Phillips, Dennis Okholm, Kenneth Hagen e Patrick Carey – também foram decisivos em me ensinar como ser iluminada pelas Escrituras e valorizar a tradição cristã.

O maior professor de todos, no entanto, é o Espírito Santo; ele é o juiz da verdade (1Coríntios 2:6-16; 1João 2:20,27) e o selo de nossa redenção por Cristo (Efésios 1.13-14). Minha esperança é que este breve guia prático ajude o leitor naquilo que John Stott chama de "busca séria pelo verdadeiro conhecimento de Deus". Se você está convencido do *porquê* deve ler teologia, espero que esta obra o ajude a *como* fazer isso.[5]

---

2   No Brasil: *Como ler livros* (São Paulo: É Realizações, 2010).

3   No Brasil: *As ferramentas perdidas da aprendizagem* (São Paulo: Old School, 2019).

4   No Brasil: *A abolição do homem* (São Paulo: Thomas Nelson Brasil, 2017).

5   Esta obra foi desenvolvida a partir de um capítulo intitulado "Capacitando alunos para ler teologia com discernimento", de *Thinking theologically about language teaching: Christian perspectives on an educational calling*, editado por Cheri Pierson e Will Bankston (Carlisle: Langham Global Library, 2017). Ele foi amplamente expandido e publicado com a permissão de Karin Spiecker Stetina e Langham Literature, ministério da Langham Partnership dedicado a publicações.

INTRODUÇÃO

TORNANDO-SE UM ESTUDANTE DE TEOLOGIA

Quando você ouve e lê um pensador, torna-se um clone dele. Se realmente gastar muito tempo ouvindo e lendo dois pensadores, você fica confuso. Se de fato dedicar bastante tempo lendo e ouvindo cerca de dez pensadores, você começa a desenvolver uma voz própria. Depois de ler e ouvir de duzentos a trezentos pensadores, você se torna sábio e desenvolve sua voz.

Tim Keller, Becoming wise

Quem anda com os sábios torna-se sábio, mas o companheiro dos insensatos sofrerá danos.

Provérbios 13:20

A tarefa de um estudante de teologia

Muitas pessoas se intimidam ou se aborrecem com a teologia, vendo-a como um assunto para a academia ou como uma disciplina que fica em uma "torre de marfim" e tem pouca relação com a vida cotidiana. No entanto, somos todos teólogos, quer reconheçamos isso, quer não. Todos temos crenças sobre a natureza de Deus, o relacionamento da humanidade com Deus e a verdade religiosa. A questão é se somos ou não bons teólogos. Como cristãos, somos todos chamados a ser bons teólogos – a aceitar e a proclamar ensinamentos baseados na Bíblia,

16 COMO LER TEOLOGIA

em outras palavras, aquilo que as Escrituras chamam de "sã doutrina". Devemos estar preparados para proclamar, em todo tempo, a verdade sobre como as coisas realmente são e para viver essa verdade como estudiosos da Palavra de Deus (2Timóteo 4:1-5).

Quem estuda teologia, como Helmut Thielicke aponta em seu texto clássico *A little exercise for young theologians*,[1] é chamado não apenas a compreender a doutrina cristã intelectualmente, mas também a buscar uma fé ativa que promova o amor. Ele adverte o jovem teólogo de que "a teologia é um empreendimento muito humano, um ofício e, algumas vezes, uma arte. Em última análise, é sempre ambivalente. A teologia pode ser sagrada ou diabólica. Depende das mãos e dos corações que a promovem".[2] Uma das questões mais prementes é "Como discernir a verdade comunicada na teologia que lemos?". Aprender como responder a essa pergunta é uma das principais tarefas de quem estuda teologia.

Em geral, o verdadeiro aprendizado exige que, na busca do conhecimento, a pessoa vá além da simples compreensão das palavras impressas na página. O aprendizado cristão é único no sentido de que seu propósito final não é mero conhecimento, mas sabedoria divina. Em *The discipline of spiritual discernment*, Tim Challies reconhece isso, afirmando que o objetivo é "conhecer, compreender e servir melhor a Deus".[3]

Além disso, quando realmente sabemos quem Deus é, temos a oportunidade de saber quem somos. João Calvino enfatiza essa ideia na abertura de suas *Institutas da religião cristã* – obra que ele escreveu para instruir alunos de teologia no estudo das Escrituras –, dando testemunho do fato de que a sabedoria genuína compreende o verdadeiro conhecimento de Deus e de si mesmo.[4] O conhecimento de Deus e o conhecimento de si estão indissociavelmente ligados. Só podemos ter uma compreensão precisa de nós mesmos se conhecermos nosso Criador e Redentor. O inverso também é verdadeiro. Calvino também adverte que não devemos nos satisfazer com o mero conhecimento especulativo:

---

1   No Brasil: *Recomendações aos jovens teólogos e pastores* (São Paulo: Vida Nova, 2014).

2   Helmut Thielicke, *A little exercise for young theologians* (Grand Rapids: Eerdmans, 1988), p. 37.

3   Tim Challies, *The discipline of spiritual discernment* (Wheaton: Crossway, 2007), p. 55. No Brasil: *Discernimento espiritual: a habilidade de pensar biblicamente sobre a vida* (São Paulo: Vida Nova, 2013).

4   John Calvin, *Institutes of the Christian religion*, Library of Christian Classics, vol. XX e XXI, ed. John T. McNeill (Philadelphia: Westminster, 1960), I.I.I (daqui em diante, *Inst.*).

Devemos observar que somos chamados ao conhecimento de Deus: não aquele conhecimento que, contentando-se com a especulação vazia, apenas passa fugidio pelo cérebro, mas sim aquele que será consistente e fecundo, se dele tivermos a devida percepção e se criar raízes em nosso coração [...] A maneira mais perfeita de buscar a Deus, e a ordem mais adequada, não é tentar com atrevida curiosidade penetrar na investigação de sua essência, a qual devemos mais adorar do que investigar meticulosamente, mas sim contemplá-lo em suas obras, por meio das quais ele se faz próximo e se dá a conhecer a nós, bem como de alguma forma comunica a si mesmo.[5]

Para Calvino, o verdadeiro conhecimento de Deus vem de contemplar Deus em suas obras.

Como Calvino acertadamente sugere, a sabedoria divina não é uma especulação vazia, nem é a mera obtenção de conhecimento por meio de um professor, para se tornar um especialista por si mesmo. Em vez disso, envolve um duplo conhecimento, de Deus e de nós mesmos, que cria raízes no coração e é vivido em fé. Ademais, como a Escritura ensina, ao contrário do conhecimento mundano, a *sabedoria* reconhece nossa necessidade de confiar em Cristo por meio do poder do Espírito Santo.

É também o que Paulo sugere quando ora pelos efésios "para que Cristo possa habitar em" seus corações "pela fé – e que vocês, estando arraigados e alicerçados em amor, possam ter forças para compreender, com todos os santos, qual é a largura, o comprimento, a altura e a profundidade, e conhecer o amor de Cristo que ultrapassa todo o conhecimento, para que sejam cheios de toda a plenitude de Deus" (Efésios 3:17-19). Como um cristão pode buscar na prática essa sabedoria divina? Em especial, como alguém pode aprender a reconhecer e compreender a verdade de Deus, e responder a ela?

A Palavra como nossa fonte de verdade

Em síntese, a resposta é a Palavra de Deus. Como cristãos, somos chamados a viver uma vida informada pela Palavra de Deus. O salmo 119 (NIV) declara a beleza e o valor da Palavra de Deus, começando com as

---

5   *Inst.*, I.5.9.

palavras "Bem-aventurados aqueles cujos caminhos são irrepreensíveis, que andam segundo a lei do Senhor". O salmista clama: "Ensina-me, Senhor, o caminho dos teus decretos para que eu o siga até o fim. Dá-me entendimento para que eu possa guardar a tua lei e obedecer a ela de todo o coração" (v. 33-34). Ele continua: "A tua palavra é lâmpada para os meus pés, e luz para o meu caminho" (v. 105). O autor mais adiante clama: "[Deus,] dá-me discernimento para que eu possa entender os teus estatutos" (v. 125). O salmista reconhece a importância vital da Palavra de Deus e para ela se volta em busca de compreensão e direção (v. 130-133). Embora a fonte de luz e sabedoria seja evidente, sua compreensão e aplicação nem sempre são tão óbvias.

Mas como interpretarmos com precisão a Palavra de Deus? Frequentemente, recorremos a teólogos, pastores, amigos e até mesmo à internet como nossos guias. Em um mundo inundado de recursos que estão à distância de umas poucas tecladas, um dos desafios que enfrentamos é decidir *a quem* devemos ouvir. O pastor e teólogo Tim Keller reconhece acertadamente a importância dessa questão:

> Quando você ouve e lê um pensador, torna-se um clone dele. Se realmente gastar muito tempo ouvindo e lendo dois pensadores, fica confuso. Se de fato dedicar bastante tempo lendo e ouvindo cerca de dez pensadores, começa a desenvolver uma voz própria. Depois de ler e ouvir de duzentos a trezentos pensadores, você se torna sábio e desenvolve sua voz.[6]

E se, por exemplo, quisermos entender o conceito bíblico de justificação? Devemos ouvir Martinho Lutero ou os ensinamentos da Igreja Católica Romana no Concílio de Trento? Somos justificados pela fé somente, ou por fé *e obras*? Antes de começarmos a responder à pergunta sobre *a quem* devemos ouvir, ou quem ajudará a cada um de nós a "se tornar sábio e desenvolver sua voz", precisamos examinar *como* devemos ouvir. Ser um bom ouvinte, ou ser o que chamarei aqui de um leitor com discernimento, é vital para ser capaz de determinar isso. Infelizmente, essa habilidade se tornou praticamente uma arte esquecida.

---

6   Tim Keller, "Doing justice", palestra proferida na conferência *Reform and Resurge*, em maio de 2006.

Chamado bíblico ao discernimento

Em sua Carta aos Filipenses, Paulo suplica à igreja que pense em tudo o que for verdadeiro, honrado, justo, puro, recomendável, excelente e digno de louvor (Filipenses 4:8). Ele está conclamando os cristãos a pensarem de forma piedosa. Como Provérbios 23:7 (KJV) destaca, a pessoa é *aquilo que* pensa. A Escritura ensina que as coisas em que decidimos nos demorar terão um impacto sobre quem somos. Jonathan Edwards, um dos primeiros teólogos norte-americanos, faz uma observação semelhante em seu livro *Freedom of the will* [A liberdade da vontade]: "As ideias e imagens que ocupam a mente dos seres humanos são os poderes invisíveis que os governam constantemente".[7] Nossos pensamentos devem, em última análise, encontrar sua fonte em Deus.

Em sua Carta aos Efésios, Paulo começa a mostrar que tipo de coisas devemos manter no pensamento, exortando seus leitores a que não se deixem enganar pelos falsos ensinos. Os cristãos devem buscar a unidade no corpo de Cristo, sendo um só em fé e prática. Mas o que Paulo quer dizer por *unidade*? Frequentemente, esse conceito é mal interpretado e entendido como unidade ecumênica ou inter-religiosa. Paulo, no entanto, nos chama para algo radicalmente diferente disso. Chama os cristãos à maturidade, para que não sejamos mais como crianças, que "são lançadas de um lado para outro pelas ondas e carregadas por todo vento de doutrina, pela astúcia humana, pela artimanha de esquemas enganosos" (Efésios 4:14). Paulo faz uma afirmação semelhante à igreja de Corinto, em 2Coríntios 11, advertindo os cristãos de que não se deixem desviar de sua devoção pura a Cristo por "falsos apóstolos, obreiros fraudulentos, que se disfarçam de apóstolos de Cristo" (v. 13).

A Escritura nos chama a "guardar o bom depósito que nos foi confiado" pelo poder do Espírito Santo (2Timóteo 1:14). Em sua exortação, Paulo está preocupado tanto com a *verdade* que Deus nos confiou quanto com a preservação dessa verdade em *fé* e *amor*. Os cristãos não podem fazer isso por conta própria, mas sim pelo poder do Espírito Santo. Nossa tarefa primordial é guardar o "bom depósito".

Uma maneira de fazer isso é nos munindo das ferramentas do discernimento, para que venhamos a abordar os textos teológicos com

---

7   Jonathan Edwards, *Freedom of the will* (1754). Disponível em: www.ccel.org/ccel/edwards/will.iii.ix.html.

confiança e intencionalidade. Podemos, então, encontrar parceiros à altura para dialogar, pessoas que possam nos ajudar a conhecermos melhor a Deus e a nós mesmos e a estarmos mais preparados para viver uma vida digna de nosso chamado em Cristo. Como corretamente aponta Tony Merida, pastor e professor de homilética, a nossa teologia ajuda a determinar a nossa biografia. Em outras palavras, há uma correlação direta entre aquilo em que acreditamos e como vivemos nossas vidas.[8] Portanto, é vital levarmos em conta quem permitimos influenciar nossa teologia. A Escritura ensina isso em Provérbios 13.20: "Quem anda com os sábios torna-se sábio, mas o companheiro dos insensatos sofrerá danos". Escolhamos, portanto, também em relação ao que lemos, companheiros sábios que nos encorajem em nossa caminhada de fé. Mas como escolhermos esses companheiros? Responder a essa pergunta é parte da tarefa deste livro.

Os capítulos seguintes tratarão de *como* treinar nossas mentes e corações para lermos teologia com mais discernimento. A esperança é que, depois de ler esta obra, você esteja mais bem preparado para aprender com aqueles que buscaram fielmente conhecer a Deus e a si mesmos segundo a revelação de Deus. Uma ferramenta prática neste processo é aprender a fazer os tipos certos de perguntas para uma obra teológica e saber como encontrar as respostas a elas. Essas questões podem ser divididas nas seguintes categorias: características do texto, contexto, arcabouço teológico, fontes, perspectiva do teólogo e avaliação de uma obra.

Nos próximos capítulos, falaremos sobre cada uma dessas categorias com maior profundidade, concluindo com apêndices que abordarão, entre outras coisas, como compartilhar de forma prática as ferramentas para ler teologia, em uma sala de aula ou um grupo de discussão, em toda a sua plenitude.

---

8 Tony Merida, "The essential secret of preaching". *Desiring God*. 19 ago. 2014. Disponível em: www.desiringgod.org/articles/the-essential-secret-of-preaching.

Questões para discussão e reflexão

1. Que diferença você vê entre conhecimento e sabedoria?

2. Tim Keller sugere que ouvir centenas de vozes, em vez de uma só, ajuda você a "tornar-se sábio e a desenvolver sua voz". Dê um exemplo prático disso em sua vida.

3. Paulo exorta os cristãos a não se deixarem desviar de sua devoção pura a Cristo por "falsos apóstolos, obreiros fraudulentos, que se disfarçam de apóstolos de Cristo" (2Coríntios 11.13). Quais são alguns dos falsos ensinos contra os quais devemos nos precaver nos dias de hoje?

4. Quais professores piedosos influenciaram você? Que diferença prática eles fizeram em sua vida?

5. De que maneiras práticas você pode guardar o "bom depósito" que recebeu?

6. Tony Merida sugere que nossa teologia ajuda a determinar nossa biografia. Dê um exemplo de como tem visto isso em sua vida ou na vida de alguém que você admira.

CAPÍTULO 1
VISÃO GERAL: FAMILIARIZANDO-SE COM AS FERRAMENTAS DO LEITOR COM DISCERNIMENTO

O grande defeito de nossa educação hoje – um defeito que podemos rastrear a partir de todos os inquietantes sintomas do problema que mencionei – é o fato de que, embora muitas vezes tenhamos sucesso em ensinar "matérias" a nossos alunos, lamentavelmente falhamos, em geral, em ensiná-los a pensar: eles aprendem tudo, exceto a arte de aprender.

Dorothy Sayers, *The lost tools of learning*

Enfim, irmãos, tudo o que for verdadeiro, tudo o que for honrado, tudo o que for justo, tudo o que for puro, tudo o que for amável, tudo o que for recomendável, se houver alguma excelência, se houver algo digno de louvor, pensem nessas coisas.

Filipenses 4:8

Como podemos discernir a sabedoria? Avaliar inteligência é uma tarefa muito mais fácil do que avaliar sabedoria ou verdade divina. No entanto, a Escritura nos chama a realizar justamente essa última. Ela nos exorta sobre a existência de muitos falsos profetas, no mundo e na igreja, e nos chama a pensar no que é verdadeiro e digno de louvor (Filipenses 4:8;

2Timóteo 4:3-5; 1João 4:1). Uma maneira prática de realizar essa tarefa é nos munindo de ferramentas para inspeção cuidadosa.

Qual é a mentalidade de um leitor com discernimento?

A tarefa de saber a *quem* ler e *como* ler obras teológicas, para o cristão, é vital para aprender a *como* interpretar e aplicar a Palavra de Deus como parte do corpo de Cristo.[1] O oposto também pode ser verdadeiro; saber como interpretar e aplicar as Escrituras é vital para saber a *quem* ler e *como* ler teologia. Como os organizadores de uma obra sobre métodos teológicos apontam: "Cada um interpreta a Bíblia à sua maneira".[2] Sempre que saímos de um estudo bíblico ou de um sermão, temos plena ciência da verdade dessa declaração. Cada leitor tem uma lente ou propensão pela qual interpreta a Escritura e o mundo. Por exemplo, o conhecido texto de João 3:16 – "Porque Deus amou o mundo de tal maneira que deu o seu Filho unigênito para que todo aquele que nele crê não pereça, mas tenha a vida eterna" – já foi objeto das mais diferentes interpretações. Enquanto um teólogo arminiano (consulte o glossário se você não tem familiaridade com este termo ou com qualquer outro que usamos nesta obra) diria que essa passagem afirma que todos têm a oportunidade de serem salvos, um teólogo calvinista diria que esse texto ensina que somente aqueles que creem em Cristo serão salvos.[3] Como uma passagem tão simples e conhecida pode ser entendida de maneiras tão radicalmente diferentes? A resposta está, em parte, naquilo que cada leitor da Escritura traz para o texto.

Portanto, quando alguém se aproxima de textos teológicos, é bom que saiba ler nas entrelinhas e discernir as diferentes perspectivas, para que possa compreender e avaliar a teologia que está sendo ensinada. O autor de Hebreus encoraja esta linha de pensamento: "O alimento sólido é para os maduros, para aqueles cuja capacidade de discernimento

---

1   Dorothy Sayers, em *The lost tools of learning* (artigo lido em um curso de férias sobre educação [London: Methuen, 1947]), e Mortimer Adler, em *How to read a book* (New York: Simon & Schuster, 1972), reconhecem a vital importância de se munir das ferramentas de aprendizagem. Nenhum deles, entretanto, busca especificamente treinar alguém a ler com discernimento piedoso nem se concentra principalmente em como ler teologia.

2   Steven L. McKenzie; Stephen R. Haynes (orgs.), *To each its own meaning: an introduction to biblical criticisms and their application*. Ed. rev. (Louisville: Westminster John Knox, 1999), p. 5.

3   Por exemplo, veja a discussão do teólogo reformado R. C. Sproul: "John 3:16 and Man's Ability to Choose God", 22 abr. 2019. Disponível em: www.ligonier.org/blog/mans-ability-choose-god).

está treinada pela prática constante para distinguir o bem do mal" (Hebreus 5:14). Quando munido das ferramentas para uma inspeção cuidadosa, o leitor pode colher as verdades contidas na obra e evitar crer naquilo que nos desvia de Cristo, como Paulo adverte em Efésios 4.1-16. Isso é particularmente importante para o jovem teólogo, como Helmut Thielicke acertadamente sugere:

> Meu apelo é simplesmente este: o mesmo conceito teológico que impressionar você deve ser encarado como um desafio à sua fé. Não tome como natural crer em tudo aquilo que o impressionar teologicamente e o iluminar intelectualmente. Do contrário, de repente você não estará mais crendo em Jesus Cristo, mas em Lutero, ou em um de seus outros professores de teologia.[4]

Um passo para treinar nossa mente e nosso coração a terem mais discernimento é aprender a *como* ouvir bem um texto, como ouviríamos um interlocutor com quem estivéssemos conversando.[5] Mortimer Adler, em seu conhecido clássico *How to read a book*, sugere exatamente essa abordagem conversacional:

> Ler um livro deve ser uma conversa entre você e o autor. Presume-se que o autor saiba mais sobre o assunto do que o leitor; se não fosse assim, você provavelmente não deveria se incomodar em ler o livro dele. Mas a compreensão é uma via de mão dupla; o aprendiz tem de questionar a si mesmo e o professor. Deve até mesmo estar disposto a debater com o professor, uma vez que entenda o que este último está dizendo. Marcar trechos de um livro é literalmente expressar suas diferenças ou concordâncias. É o mais alto grau de respeito que se pode prestar a ele.[6]

---

4   Helmut Thielicke, *A little exercise for young theologians* (Grand Rapids: Eerdmans, 1988), p. 59–60.

5   Richard Langer, da Biola University, defende um modelo de conversação para promover a integração entre fé e aprendizado (veja, por exemplo, Rick Langer, "Integration of faith and learning", disponível em: https://cskls.org/wp-content/uploads/2019/06/Integration-of-Faith-and-Learning.pdf). Seu modelo tem implicações não apenas para como podemos abordar outras disciplinas acadêmicas, mas também para como podemos abordar textos que se situam dentro da tradição cristã. Da mesma forma, Alan Jacobs endossa uma abordagem de conversação que desafia seus leitores a tratarem os textos segundo a "lei do amor", lendo-os "com amor", assim como somos chamados a amar a Deus e ao próximo (*A theology of reading: the hermeneutics of love* [Boulder: Westview, 2001]).

6   Adler, *How to read a book*, p. 49.

Com frequência, não perdemos tempo tentando entender *o que* o "professor" está realmente dizendo. Ouvir um texto envolve mais do que apenas ler as palavras escritas em uma página. Também requer que o leitor compreenda a perspectiva do autor e sua maneira de se comunicar. Como Deborah Tannen assinala: "Toda comunicação é mais ou menos transcultural. Aprendemos a usar a linguagem à medida que crescemos, e o fato de crescermos em diferentes partes do país, de termos diferentes origens étnicas, religiosas ou de classe, e até mesmo o simples fato de sermos homem ou mulher, tudo isso redunda em maneiras diferentes de se expressar".[7] Acrescente a essa lista diferenças históricas e de pressuposição, e será compreensível por que pode ser uma tarefa tão desafiadora perceber verdadeiramente o que um autor está dizendo.

Como cristãos, porém, somos chamados à sabedoria, não à ignorância ou ao espírito crítico. A Escritura encoraja os cristãos a serem "prontos para ouvir, tardios para falar e tardios para irar-se" (Tiago 1:19). Além disso, como se lê em Provérbios 1:5 (NIV): "Que o sábio ouça e acrescente ao que aprendeu, e que o instruído obtenha orientação". Com extrema frequência, procuramos ser ouvidos antes de ouvir e, assim, lançamos as sementes que fomentam o que Deborah Tannen chama de "cultura do bate-boca".[8] Em vez de nos envolvermos em diálogos ponderados e construtivos, podemos acabar contribuindo para uma cultura voltada para a oposição, seja errando pelo lado da "civilidade", seja manifestando uma mentalidade de "guerra". Podemos procurar reverter essa tendência treinando mente e coração para que ouçam bem o Espírito Santo como também as obras com as quais entramos em conversação.

Tornando-se um leitor com discernimento

Um passo prático para se tornar um leitor com discernimento, que consiga reconhecer a sabedoria, é aprender a fazer os tipos certos de perguntas e saber como encontrar as respostas para elas. Essas perguntas podem ser divididas nas seguintes categorias: características do texto,

---

7 Deborah Tannen, *That's not what I meant! How conversational style makes or breaks relationships* (New York: Morrow, 1986), p. 10.

8 Tannen escreve: "As sementes [da cultura do bate-boca] podem ser encontradas em nossas salas de aula, onde um professor apresenta um artigo ou uma ideia [...] e organiza debates em que as pessoas aprendem a não ouvir umas às outras, pois estão muito ocupadas tentando vencer o debate" (entrevista com David Gergen, "Argument culture", *Newshour with Jim Lehrer*, 27 mar. 1988).

contexto, arcabouço teológico, fontes, perspectiva do teólogo e avaliação de uma obra. Nos capítulos seguintes, trataremos de cada uma dessas categorias com mais detalhes; segue, porém, um panorama desse processo.

O que as características do texto e as informações da publicação apresentam?

Muito pode ser descoberto sobre um texto teológico com apenas uma olhada no prefácio, introdução, data de publicação original, editora, sumário, notas de rodapé ou de final de texto e bibliografia. Examinar as informações da publicação pode ajudar a responder a algumas das seguintes perguntas:

- Quem publicou a obra? Editores preparam suas obras tendo em vista determinados públicos e áreas de interesse.

- Quando a obra foi publicada originalmente? A data de publicação original pode fornecer informações sobre o contexto.

- Quem era o público-alvo da obra? Um teólogo dirige sua obra para um público específico.

- Qual era o propósito da obra? Editores e teólogos têm um objetivo por trás da obra.

As notas de rodapé ou de final de texto e a bibliografia, frequentemente negligenciadas, também são recursos valiosos para responder a perguntas como estas:

- Em que tipos de fontes o teólogo se baseia? O teólogo cita fontes primárias ou secundárias? As fontes são seculares ou religiosas? Elas são científicas, filosóficas ou teológicas? A Escritura é uma fonte primária? Cada uma dessas questões pode impactar a perspectiva do teólogo.

- Que partes da Escritura o teólogo cita? As partes da Escritura que constituem a base principal do teólogo – como os Evangelhos, as epístolas, textos narrativos, textos proféticos, literatura sapiencial, textos poéticos – podem impactar sua perspectiva teológica.

- Quem influenciou o teólogo? Identifique os teólogos, os pensadores e as escolas de pensamento específicos que o teólogo privilegia na obra.

- Com quem o teólogo está dialogando? É importante identificar quem o teólogo procura apoiar ou refutar em sua obra.

Veremos essas questões, com mais detalhes, no capítulo 3.

Qual é o contexto da obra?

O contexto desempenha um papel crucial na determinação do significado de uma obra. Ele abrange informações não apenas sobre a ambientação do texto, mas também sobre a formação e o histórico do teólogo, seu quadro de referência e a quem ele se dirige na obra. Se quisermos ouvir bem o teólogo ou a teóloga, como de fato eles pretendem ser ouvidos, precisamos identificar o contexto social, histórico e religioso do texto e o objetivo em mente. Algumas das questões que devemos abordar são as seguintes:

- Qual é o contexto específico da obra? Isso inclui uma análise dos contextos sociopolítico e eclesiástico da obra teológica.

- Por que o teólogo escreveu a obra? Examine seus motivos e objetivos explícitos e implícitos.

- Qual é a formação do teólogo? Isso inclui a origem religiosa/denominacional do teólogo, sua formação educacional, sua origem étnica e sua formação sociopolítica.

- Qual é o quadro de referência do teólogo? Que tipo de teólogo ele ou ela é? Um teólogo pode se expressar como um teólogo bíblico, sistemático, histórico, prático, moral, filosófico, ideológico ou apologético.

- Qual é o papel do teólogo? O teólogo pode escrever a partir da posição de narrador, pastor, cientista, filósofo, professor ou historiador.

- Quais são os pressupostos do teólogo? Os pressupostos abrangem seus pontos de vista sobre quem é Deus, qual conteúdo é revestido de autoridade, quem somos e de onde viemos, qual é o problema que precisa ser resolvido e qual é a solução.

O capítulo 4 discutirá mais detalhadamente essas questões vitais.

Qual é o arcabouço teológico da obra?

Um leitor com discernimento deve ser capaz de identificar o tema da obra, o tipo de obra e a abordagem que o teólogo adota para expressar sua perspectiva teológica. Essas informações ajudam a desvendar o significado do texto.

- Qual é o tema da obra? Identifique se o tema é o método teológico, a doutrina da revelação, Deus, Cristo, o Espírito Santo, a Criação, a humanidade, a Queda e o pecado, a salvação, a igreja, a vida cristã ou o futuro.

- De que tipo de obra teológica se trata? Identifique se é um sermão, um tratado, uma polêmica, uma resposta, um credo, uma confissão, um catecismo, um comentário, uma obra de referência, uma obra sistemática, uma sátira, uma história, um poema, um hino, um livro de memórias, uma obra apologética, mística ou devocional.

- Que método teológico o autor adota? Identifique se o método é proposicional, experiencial, sistêmico, histórico, baseado na prática, neo-ortodoxo, pós-liberal, pós-conservador ou correlacional.

  Exploraremos esses tópicos com mais profundidade no capítulo 5.

Como o teólogo utiliza as fontes?

Parte da tarefa de discernir o arcabouço de uma obra envolve a identificação das fontes. É essencial identificar não apenas *quais* fontes o teólogo usa, mas também *como* as utiliza.

- Que tipo de fontes o teólogo utiliza? Identifique se o teólogo se apoia na razão, tradição, ciência, filosofia, Escritura e experiência pessoal.

- Quais fontes o teólogo prioriza? Qual é o peso que o autor atribui às fontes que utiliza? Prefere uma delas às outras? Alguma das fontes é intensamente refutada?

- Como o teólogo interage com as fontes? Ele ou ela as utiliza para apoiar sua posição, para argumentar contra outras posições, com o propósito de ilustração, e assim por diante?

  Essas questões serão tratadas no capítulo 6.

Quais são as perspectivas do teólogo?

O cerne de dialogar com alguém consiste em ser capaz de ouvir ativamente essa pessoa e compreender o que de fato é importante para ela. Para ser um bom interlocutor diante de um texto teológico, é preciso ser capaz de levar em conta o ponto de vista do autor. Esse diálogo se torna possível quando o leitor consegue identificar os seguintes aspectos: a tese do autor, seus principais argumentos e os termos-chave utilizados.

- Quais são as teses e os pontos-chave da obra? Explique a tese e as ideias-chave com suas próprias palavras.

- Quais são os termos-chave, importantes para os argumentos do teólogo? Defina as palavras que não são conhecidas ou que são vitais para as ideias-chave.

Essas questões serão trabalhadas no capítulo 7.

Qual é o valor da obra?

Uma vez terminado o árduo trabalho de investigação cuidadosa da obra, o leitor estará pronto para avaliá-la de forma crítica e fazer uma apreciação. O valor de uma obra teológica não está meramente no quão legível ela é ou em quão intimamente se alinha com as crenças do leitor, mas sim em como ela leva alguém na direção de conhecer e amar a Deus e aos outros (Mateus 22:36-40). Às vezes, a obra nos aponta para a verdade; outras, ajuda a revelar falhas em nosso pensamento; outras vezes ainda, nos torna cientes dos perigos de cultivar crenças antibíblicas. Uma obra também pode esclarecer conceitos ou termos importantes, ajudar-nos a compreender os desenvolvimentos doutrinários ao longo da história da igreja ou defender uma doutrina ortodoxa crucial.

- Ore por discernimento: peça ao Espírito Santo que lhe dê discernimento para reconhecer e aplicar a verdade de Deus.

- Mergulhe na Palavra de Deus: considere o que a Palavra de Deus comunica sobre o tópico ou as ideias presentes no texto teológico.

- Teste e avalie o texto diante das Escrituras: avalie a precisão bíblica das ideias do teólogo.

- Descubra o valor e as implicações do texto: identifique o que o texto ensina sobre Deus, sobre nós mesmos e o mundo. Pense nas implicações da obra para o cristianismo e a sociedade.

- Faça perguntas investigativas sobre a obra: A obra me ajudou a entender alguma posição, alguma perspectiva ou algum movimento de que eu não tinha conhecimento antes? Aprofundou meu conhecimento das circunstâncias históricas ou contemporâneas da igreja? Ampliou meus horizontes? Ou me desafiou a esclarecer ou a defender minha própria posição?

Essa última categoria será abordada, de forma mais completa, no capítulo 8.

VISÃO GERAL **31**

Conclusão

O famoso provérbio de Alexander Pope – "os tolos correm por onde os anjos temem pisar"[9] – adverte-nos contra tentativas precipitadas em relação a algo que uma pessoa mais experiente evitaria. No entanto, é justamente isso que fazemos o tempo todo, quando analisamos e aplicamos as ideias de uma obra teológica sem termos antes dedicado um tempo para examinar seu texto com maior cuidado. A partir do momento em que apanhamos um livro, começamos a formar opiniões sobre seu valor. A avaliação completa de uma obra teológica, entretanto, deve acontecer, em termos ideais, após tê-la submetido a uma cuidadosa inspeção, a fim de evitar julgamentos precipitados e infundados, sejam eles positivos ou negativos. Avaliar uma obra depois de uma primeira leitura superficial seria semelhante a julgar uma pessoa com base em uma primeira impressão.

Em seu livro *Blink*, Malcolm Gladwell investiga como decisões, boas ou más, são tomadas em um piscar de olhos. Ele conta a história de uma estátua que o museu Getty adquiriu e que, mais tarde, descobriu-se ser uma falsificação. No entanto, as impressões iniciais de muitos especialistas sugeriram que se tratava de um genuíno *kouros* (estátua de um jovem nu em pé) grego. A história de Gladwell mostra o poder das primeiras impressões.

Embora sejam importantes, as primeiras impressões podem ser equivocadas. Nossos instintos podem nos levar para a direção certa ou nos trair. Gladwell argumenta com razão, entretanto, que "nossos julgamentos precipitados e nossas primeiras impressões podem ser treinados e controlados".[10] O mesmo pode ser dito dos julgamentos que fazemos de obras teológicas. Se trouxermos uma mente bem treinada para o processo de leitura, estaremos aptos a aprender muito mais, quando optarmos por dialogar de forma ponderada e cuidadosa com o autor, concordemos ou não com ele no final. Como cristãos, porém, somos chamados a treinar não apenas nossa mente para discernir a verdade, mas também nosso coração, aprendendo a ouvir o Espírito Santo e a obedecer-lhe (Romanos 8:14).

Os capítulos seguintes explorarão mais a fundo como ler teologia plenamente. Depois de ler este livro, espero que você esteja mais preparado ou preparada para discernir os valiosos *insights* das obras

---

9 Alexander Pope, *An essay on criticism, 1711* (London: Lewis, 1711), p. 36.

10 Malcolm Gladwell, *Blink: the power of thinking without thinking* (New York: Little, Brown, 2005), p. 15. No Brasil: *Blink: a decisão num piscar de olhos* (Sextante, 2016).

teológicas, sendo capaz de aprender com aqueles que buscaram fielmente conhecer a Deus e a si mesmos segundo a revelação de Deus.

Questões para discussão e reflexão

1. Quais livros tiveram um impacto mais significativo em sua vida e por quê?

2. Como você escolhe os livros que lê? Você vê os livros como mestres, companheiros, parceiros de treino ou de alguma outra forma? Na sua opinião, que tipo de livro é o melhor parceiro de diálogo? Por quê?

3. Qual é a primeira coisa que você geralmente faz quando está lendo um livro? Como isso afeta o quanto extrai dele?

4. Se você fosse um livro, que tipo de lição gostaria de proporcionar a seus leitores? Como isso pode moldar sua maneira de ler?

5. Helmut Thielicke afirma que "o mesmo conceito teológico que impressionar você deve ser encarado como um desafio à sua fé. Não tome como natural crer em tudo aquilo que o impressionar teologicamente e o iluminar intelectualmente. Do contrário, de repente você não estará mais crendo em Jesus Cristo, mas em Lutero, ou em um de seus outros professores de teologia". Defina o propósito de ler teologia. Como devemos ver os teólogos que lemos?

Adote a prática de se familiarizar com as ferramentas de discernimento

Quais são as ferramentas para uma leitura cuidadosa?

1. Identifique três passos que você pode começar a utilizar quando estiver lendo teologia, os quais lhe permitirão extrair mais das obras.

2. Como você pode aplicar esses três passos ao próximo texto teológico que for ler?

3. Aplique pelo menos um dos três passos e descreva seu impacto na compreensão desse texto teológico.

CAPÍTULO 2

PREPARANDO-SE PARA LER TEOLOGIA PLENAMENTE: MERGULHAR NA ORAÇÃO E NA ESCRITURA

Os líderes cristãos do futuro têm de ser teólogos, pessoas que conheçam o coração de Deus e sejam treinadas – por meio de oração, estudo e análise cuidadosa – a manifestar o evento divino da obra redentora de Deus em meio aos muitos eventos aparentemente aleatórios de seu tempo.

Henri Nouwen, In the name of Jesus

*Quão bem-aventurado é o homem que não anda no conselho dos ímpios,
Nem permanece no caminho dos pecadores,
Nem se assenta no lugar dos escarnecedores!
Mas seu prazer está na lei do Senhor,
E em sua lei ele medita dia e noite.
Ele será como uma árvore firmemente plantada junto a riachos de água,
Que produz seus frutos em sua estação
E cujas folhas não murcham;
E, em tudo o que faz, ele prospera.*

Salmos 1:1-3, NASB

Como se preparar para ler teologia?

Mergulhar na oração e na Escritura é essencial para o discernimento cristão e o florescimento espiritual. Imagine um fazendeiro saindo para fazer a colheita sem ter antes se dedicado a preparar o solo e plantar as sementes. O que ele deve esperar encontrar? Na melhor das hipóteses, algo que sobrou de safras passadas ou frutos de alguma safra não intencional, que nasceu espontaneamente. Nós, como esse fazendeiro, precisamos preparar o coração e a mente, se pretendemos ter discernimento, prosperidade espiritual e fruto espiritual.

O texto de Salmos 1:1-3 (NASB) nos dá uma imagem dos benefícios de meditar na Palavra de Deus:

> Quão bem-aventurado é o homem que não anda no conselho dos ímpios,
> Nem permanece no caminho dos pecadores,
> Nem se assenta no lugar dos escarnecedores!
> Mas seu prazer está na lei do Senhor,
> E em sua lei ele medita dia e noite.
> Ele será como uma árvore firmemente plantada junto a riachos de água,
> Que produz seus frutos em sua estação
> E cujas folhas não murcham;
> E, em tudo o que faz, ele prospera.

Da mesma forma, o salmista clama a Deus em oração por discernimento, em Salmos 119:125: "Sou teu servo; dá-me entendimento, para que eu conheça teus testemunhos!".

Mergulhar na oração e na Escritura é algo vital para um cristão. Reconhecendo isso, Henri Nouwen nos chama para ser teólogos, isto é, "pessoas que conheçam o coração de Deus e sejam treinadas – por meio de oração, estudo e análise cuidadosa – a manifestar o evento divino da obra redentora de Deus em meio aos muitos eventos aparentemente aleatórios de seu tempo".[1] A oração e o estudo aprofundado da Escritura são essenciais para ler teologia plenamente.

---

1   Henri Nouwen, *In the name of Jesus: reflections on Christian leadership* (New York: Crossroad, 1989), p. 88.

Teologia cristã e oração

Qual é a relação entre oração e teologia?

A oração deve fazer parte de todo o processo de leitura, particularmente para alguém discernir como aplicar uma obra teológica à sua vida. A oração e a teologia cristã são inseparáveis, se quisermos evitar ser teólogos interessados apenas em debates acadêmicos especulativos, pouco relevantes para aumentar nosso conhecimento de Deus ou de nós mesmos. A oração reconhece nossa dependência de Deus para conhecer a verdade e vivê-la. A prática da oração convida Deus a participar do processo de discernimento.

Como sugere o próprio termo *teologia* (*theos* significa "Deus" e *logos* significa "palavra" ou "estudo de"), o teólogo cristão é chamado a conhecer a Deus de acordo com a autorrevelação de Deus. Porém, como afirma Dennis Okholm, a teologia cristã é uma atividade bem humana. É "uma *resposta* (a) *humana* (b) à revelação de Deus, elaborada (c) *dentro da igreja cristã e para ela*, que se engaja em uma (d) *reflexão crítica para falar, de forma responsável,* sobre Deus".[2]

Se pretende ser mais do que mera filosofia humana, a teologia cristã requer uma fé enraizada na oração e na convicção de que Deus inspirou os autores bíblicos (1Coríntios 2:13; 2Timóteo 3:16; 2Pedro 1:20-21). Embora reconheça que a Escritura não revela tudo sobre Deus, a teologia cristã reconhece que a Palavra de Deus é suficiente para a salvação e para as nossas necessidades (2Pedro 1:3). A boa teologia aponta para o Deus vivo, a fim de encontrar as verdades fundamentais sobre Deus, nós mesmos e o mundo. Ela encontra sua fonte na Palavra e na oração, sendo elaborada a serviço da igreja. Jesus Cristo, a Palavra viva (João 1:1,14; Apocalipse 19:13), e a revelação escrita de Deus na Escritura (2Timóteo 3:16) são os pontos de partida supremos da teologia cristã.

O estudo da teologia é um fato comunitário, algo que não deve ser feito isoladamente. Seu objetivo é ao mesmo tempo pessoal e relacional, ajudando-nos a compreender nossa necessidade de reconciliação com Deus e com o próximo, bem como nos edificando no corpo de Cristo (Efésios 2:16-22). Portanto, o objetivo final da teologia não é

---

2 Dennis Okholm, *Learning theology through the church's worship: an introduction to Christian belief* (Grand Rapids: Baker Academic, 2018), p. 25, o itálico é do próprio original.

meramente conhecimento; antes, é um conhecimento pessoal e comunitário de Deus que leva a uma vida de adoração ao Deus vivo. A oração ajuda a teologia a alcançar esse fim divino.

Como já observamos, há uma profunda conexão entre oração e teologia. Como falamos sobre Deus e como falamos com Deus são coisas indissociavelmente ligadas. As orações que fazemos em privado são excelentes indicadores de nossa verdadeira teologia. Se realmente acreditamos que somos pecadores e dependemos de Cristo para vivermos, conhecermos e sermos salvos, então, nossas orações refletirão isso. Da mesma forma, nossa teologia informa nossas orações. À medida que crescemos em nosso conhecimento de Deus e de nós mesmos, nosso louvor a Deus é profundamente enriquecido.

Vemos isso refletido na oração de Davi, no salmo 51, depois que foi confrontado pelo profeta Natã. Tomando como base o amor e a compaixão divinos, Davi implora pela misericórdia de Deus, depois de ser convencido de seus pecados de adultério e homicídio. Davi sabe que é pecador e não merece perdão, mas ainda assim clama a Deus para que o purifique de sua iniquidade e o restaure. A teologia de Davi, ou seja, o conhecimento que ele tem de sua depravação bem como da justiça e da misericórdia de Deus, informa sua oração. Sua oração, por sua vez, ajuda a moldar seu relacionamento com Deus. Nós, assim como Davi, precisamos depender de Deus para que ele nos convença de nossos pecados, revele nossos pontos cegos e nos instrua na verdadeira sabedoria (Salmos 51:6).

Da mesma forma, quando estivermos lendo e avaliando teologia, precisamos buscar o sábio conselho de Deus. Quando adotamos uma postura de oração, nós nos preparamos para discernir a verdade de Deus. Na oração, temos a oportunidade de reconhecer a grandeza de Deus e nossa necessidade da revelação e da intervenção dele em nossa vida. A oração mantém nosso orgulho sob controle e abre nosso coração e nossa mente para ouvir a verdade de Deus e responder a ela pelo poder do Espírito Santo. Como C. S. Lewis aponta, o orgulho nos afasta da comunhão adequada com Deus e com os outros:

> Em Deus, você se depara com algo que é incomensuravelmente superior. A menos que você conheça bem a Deus – e, por isso, saiba que não é nada em comparação com ele – não o conhece de jeito nenhum. Enquanto você for orgulhoso, não poderá conhecer a Deus. Uma pessoa orgulhosa sempre está desdenhando coisas e pessoas,

PREPARANDO-SE PARA LER TEOLOGIA PLENAMENTE   37

e, é claro, se você fica olhando de cima para baixo, não poderá olhar para nada que esteja acima de você.[3]

À luz do propósito da teologia, não devemos ler e avaliar obras simplesmente para identificar o que está errado ou faltando nelas, ou mesmo apenas para desenvolver nosso conhecimento intelectual. Antes, devemos avaliar essas obras com o intuito de saber se elas podem nos ajudar a conhecer e amar a Deus e aos outros como devemos.

Durante o processo de leitura, ao orar, procure se conduzir com honestidade diante de Deus, onde quer que esteja, e abra espaço para permitir que o Espírito Santo fale com você. Ore para que o Espírito oriente você no conhecimento das verdades de Deus e em como caminhar nelas (Salmos 86:11). Peça que o Espírito guie seus pensamentos e sentimentos, revelando em que ponto você ou o teólogo com quem está dialogando pode estar certo ou errado. A Escritura encoraja os cristãos a terem comunhão e a procurarem aperfeiçoar uns aos outros, a fim de que nos tornemos servos mais eficazes do Senhor (Provérbios 27:17; Colossenses 3:16; Hebreus 3:13). Ore para que, em seu diálogo com os textos teológicos, você venha a se santificar.

Abaixo estão algumas dicas úteis da Escritura sobre oração, que você pode ter em mente ao ler uma obra teológica:

- Deus promete revelar coisas grandes e insondáveis em sua Palavra (Jeremias 33:3).

- Seu chamado envolve dedicar-se à oração, com vigilância e gratidão (Colossenses 4:2).

- Seu chamado envolve orar com ações de graças e pedir sabedoria e discernimento (Filipenses 4:6-7).

- Deus promete estar perto, ouvir seus clamores e conceder ajuda, misericórdia e graça em tempos de necessidade (Salmos 18:6; Jeremias 29:13; Hebreus 4:16; 1João 5:14).

- Seu chamado envolve confessar seus pecados e orar pelos outros, incluindo aqueles que maltratam você (Lucas 6:27-28; Tiago 5:16).

---

3   C. S. Lewis, *Mere Christianity* (1943; reimpr., New York: Macmillan, 1960), p. 111. No Brasil: *Cristianismo puro e simples* (São Paulo: Thomas Nelson Brasil, 2017).

38 COMO LER TEOLOGIA

- Seu chamado envolve vigiar e orar para não cair em tentação, mas conhecer a vontade de Deus (Jeremias 42:3; Colossenses 1:9; Mateus 6:9-13).

- O Espírito promete ajudar em sua fraqueza e interceder por você durante a oração (Romanos 8:26).

Orar de acordo com a Escritura ajudará a revelar aquilo em que você deve acreditar sobre quem é Deus, quem é você e o que Deus fez. A oração também ajudará a manter suas prioridades alinhadas com as de Deus, revelando seus próprios preconceitos, desejos e objetivos mal direcionados. Em última análise, evitará que sua teologia seja algo meramente especulativo e direcionará você à adoração do Deus trino.

Mergulhando na Escritura

O que a Palavra de Deus comunica?

Devemos começar a ler teologia como Salomão em 1Reis 3:9 – em oração, reconhecendo nossa condição caída e pedindo a Deus que nos dê uma "mente compreensiva" para que possamos "discernir entre o bem e o mal". Então, como sugere Tim Challies, devemos fazer um "esforço deliberado" para distinguir "entre o que é verdadeiro e o que é falso".[4] Podemos procurar fazer isso em espírito de oração, lendo, provando e avaliando o texto em face da Palavra de Deus, a fonte suprema da verdade, e descobrindo suas implicações.

Assim como um caixa de banco aprende a reconhecer notas falsas estudando dinheiro autêntico, os leitores de teologia devem aprender a reconhecer a heresia (os falsos ensinos) estudando a Palavra de Deus. Quem estuda teologia deve mergulhar na oração e na Escritura, a fim de poder discernir a verdade de Deus quando ler teologia. Como Hebreus 4.12 declara: "A palavra de Deus é viva e ativa, mais afiada do que qualquer espada de dois gumes, atravessa a divisão entre a alma e o espírito, as juntas e a medula, e discerne os pensamentos e as intenções do coração".

Esse princípio pode atuar em duas direções, pois ajuda os leitores de teologia a discernirem tanto o estado de seu coração e de suas crenças

---

4 Tim Challies, *The discipline of spiritual discernment* (Wheaton: Crossway, 2007), p. 67. No Brasil: *Discernimento espiritual* (São Paulo: Vida Nova, 2013).

quanto o estado do coração e das crenças do teólogo. Frequentemente, abordamos uma obra teológica ou mesmo a Escritura com noções pre-concebidas, as quais nos impedem de enxergar qualquer coisa diferente daquilo que esperamos. Quando alguém está mergulhado na oração e na Escritura, abre a porta para a convicção do Espírito Santo e para a voz de Deus (1Coríntios 2:14-16; Efésios 1:17-18).

Quando examinar a Escritura em espírito de oração, será útil ter as seguintes perguntas em mente:

- Qual é o gênero do texto? Identifique se o gênero do texto é narrati-vo, profético, poético, histórico, se é um Evangelho ou uma epístola, e reflita sobre como isso pode afetar a mensagem.

- Qual é o contexto da passagem? Isso inclui o contexto bíblico histó-rico, cultural, literário, específico ou mais amplo da passagem.

- Qual é o propósito original do autor? Identifique a intenção original do autor ao escrever.

- Quais são os principais conceitos e temas teológicos comunicados no texto? Procure saber quais verdades teológicas o texto revela so-bre Deus, Cristo, o Espírito Santo, o cosmo, o ser humano, o pecado, a salvação, a Escritura, Israel, a igreja e o futuro. Na teologia cristã, é importante ter uma abordagem cristocêntrica, voltando o foco pri-meiramente para o que a passagem revela sobre Deus e o evangelho.

- Qual é o significado claro ou evidente da passagem? Procure in-terpretar as passagens de acordo com seu significado evidente, a menos que o contexto literário claramente leve você a interpretá-la de outra maneira, como por meio de metáforas ou de ditos irônicos.

- Como a Bíblia interpreta a si mesma? Compare cuidadosamente as passagens relacionadas para ajudar a esclarecer o significado de um trecho.

- Quais são os princípios atemporais da passagem? Identifique quais verdades o Espírito Santo está comunicando a todas as pessoas.

Essa pequena lista ajudará a orientar sua leitura da Escritura. Existem muitos livros úteis para aprofundar ainda mais a leitura da Bíblia. Por exemplo, *How to read the Bible for all its worth*, de Gordon Fee e Douglas Stuart, e *Living by the book*, de Howard e William Hendricks, são excelentes livros introdutórios. A obra de Trent Hunter e Stephen Wellum, *Christ from beginning to end*, é útil para treinar o leitor a compreender a importância do contexto. Esses são recursos maravilhosos para aprofundar sua compreensão da Escritura.[5] Para desenvolver seu discernimento bíblico, é importante mergulhar na Palavra de Deus em oração, pedindo ao Espírito discernimento. João 17:17 (NIV) declara o poder transformador da oração e da Palavra de Deus: "Santifica-os na verdade; sua palavra é a verdade".

Conclusão

Ad fontes – "voltar à fonte" ou "voltar às fontes originais" – foi um dos gritos de guerra da Reforma. Essa frase aparece na versão latina, da Vulgata, do salmo 42, que pode ser assim traduzida: "da mesma maneira que a corça é atraída pelas fontes de água, assim minha alma é atraída por ti, Deus". Sedentos pela verdade de Deus, os reformadores protestantes voltaram à Bíblia, estudando-a, com muitas orações, em suas línguas originais. Nós também devemos desejar conhecer a Deus e ter comunhão com ele, buscando iluminação ao considerar, em oração, a sua Palavra. Não espere até se preparar totalmente para se dedicar à oração e ao estudo da Escritura. Um forte fundamento bíblico é uma das melhores maneiras de se preparar para discernir a sabedoria e a vontade de Deus. Também é algo essencial para ler textos teológicos em sua plenitude.

Questões para discussão e reflexão

1. A Escritura destaca a importância de dedicar tempo em oração e com a Palavra de Deus. Cite alguns benefícios práticos de cultivar esses hábitos.

2. Henri Nouwen escreve: "Os líderes cristãos do futuro têm de ser teólogos, pessoas que conheçam o coração de Deus e sejam treinadas – por meio de oração, estudo e análise cuidadosa – a manifestar o evento divino da obra

---

5 Gordon D. Fee; Douglas Stuart, *How to read the Bible for all its worth*, 4. ed. (Grand Rapids: Zondervan, 2014); no Brasil: *Como ler a Bíblia livro por livro* (São Paulo: Thomas Nelson Brasil, 2019). William Hendricks, *Living by the Book: the art and science of reading the Bible*, ed. rev. (Chicago: Moody, 2007); no Brasil: *Vivendo na Palavra: a arte e a ciência da leitura da Bíblia* (São Paulo: Editora Batista Regular, 2017). Trent Hunter e Stephen Wellum, *Christ from beginning to end: how the full story of Scripture reveals the full glory of Christ* (Grand Rapids: Zondervan, 2018).

redentora de Deus em meio aos muitos eventos aparentemente aleatórios de seu tempo". Quais são alguns dos eventos aparentemente aleatórios de nossos dias? Como a oração e o estudo da Escritura nos ajudam a manifestar o evangelho entre eles?

3. Dennis Okholm afirma que a teologia cristã é uma atividade bastante humana. É "uma resposta humana à revelação de Deus, elaborada dentro da igreja cristã e para ela, que se engaja em uma reflexão crítica para falar, de forma responsável, sobre Deus". Como essa declaração impacta sua visão dos textos teológicos?

4. Como falamos *sobre* Deus e como falamos *com* Deus são coisas ligadas indissociavelmente. Dê um exemplo prático de como nossa teologia pode impactar a vida de oração.

5. Como a oração de Davi, no salmo 51, pode orientar você em suas orações? E na sua leitura de teologia?

6. Veja a lista de dicas bíblicas sobre oração. Qual delas fala mais com você no momento? Por quê?

7. Frequentemente, abordamos uma obra teológica ou mesmo a Escritura com noções preconcebidas, as quais nos impedem de enxergar qualquer coisa diferente daquilo que esperamos. Dê um exemplo de uma noção preconcebida ou de um preconceito que você já viu impactar a compreensão que uma pessoa tem de uma obra teológica ou da Escritura.

8. Examine o salmo 1 com as perguntas listadas na seção "Mergulhando na Escritura". Forneça três percepções com base nessas perguntas.

Adote a prática de mergulhar na oração e na Escritura

Como se preparar para ler teologia?

1. Passar tempo em oração e lendo a Escritura é vital para o cristão. Passe algum tempo meditando, em espírito de oração, no salmo 1. Registre pelo menos um *insight* que você teve durante esse tempo.

2. Como essa passagem pode impactar a maneira como você lê a Escritura? E a maneira como lê teologia?

3. Coloque em prática esse *insight* e descreva o impacto que teve sobre sua vida.

CAPÍTULO 3
PRIMEIROS PASSOS: ANALISANDO CARACTERÍSTICAS DO TEXTO E INFORMAÇÕES DA PUBLICAÇÃO

> *Ora, este é um dos livros que comprei na promoção da Partridge. Eles tinham todos a mesma encadernação – é uma boa encadernação, sabe – e eu pensei que todos fossem bons livros... Mas parece que não se deve julgar o livro pela capa.*
> **George Eliot, The mill on the floss**
>
> *Não julguem pelas aparências, mas julguem com reto juízo.*
> **João 7:24**

Você deve se lembrar do ditado: "Não julgue um livro pela capa". No romance de George Eliot, *The mill on the floss*, o sr. Tulliver defende sua decisão de comprar para a filha um livro bem encadernado, embora de qualidade questionável. Ele lamenta: "Ora, este é um dos livros que comprei na promoção da Partridge. Eles tinham todos a mesma encadernação – é uma boa encadernação, sabe – e eu pensei que todos fossem bons livros... Mas parece que não se deve julgar o livro pela capa".[1] A mensagem por trás do clichê é boa e até mesmo

---

1   George Eliot, *The mill on the floss*. v. 1 (Edinburgh: Blackwood, 1878), p. 22.

44 COMO LER TEOLOGIA

bíblica: não devemos formar uma opinião *apenas* com base em observações superficiais.

Em João 7:24, Jesus exorta seus ouvintes a não julgarem com base apenas nas aparências, mas a exercerem um "reto juízo". Ele ensina que o julgamento piedoso deve ser baseado na verdade, e não apenas em primeiras impressões ou preconceitos. Isso não significa, porém, que o exterior de um livro não tenha a menor importância, como o clichê parece sugerir. Informações valiosas podem e devem ser obtidas pela capa e por outras características do texto de um livro. Uma mente bem instruída consegue, de fato, fazer algumas observações ou julgamentos iniciais importantes sobre um livro com base em sua capa.

Assim que olhamos para um livro, quer saibamos, quer não, já começamos a avaliá-lo. O *design* da capa; o título; as associações que fazemos com o autor, com a editora e com aqueles que endossam a obra; a extensão do livro, a fonte do texto, tudo influencia nossas percepções sobre ele. Logo nos primeiros segundos que examinamos um livro, por exemplo, fazemos vários julgamentos. Do que esse livro trata? O tema do livro é importante para mim? Eu respeito o autor e a editora? Ele me parece interessante? É fácil de ler? Vale o preço que custa? Alguns dos julgamentos que fazemos de um livro acontecem antes mesmo de lermos uma única página. É importante reconhecer que não é errado julgar um livro e o que ele ensina; pelo contrário, é essencial. Somos chamados a buscar o conhecimento verdadeiro (Provérbios 18:15; Mateus 7:15-20; Tito 1:6-16; 2Pedro 2). A verdadeira questão é se fazemos ou não "retos" juízos, mesmo em relação às nossas impressões iniciais. Certo preparo pode nos ajudar a fazê-los.

Então, por onde se deve começar a avaliar, com precisão, uma obra teológica? Digamos, por exemplo, que você tenha de escolher a próxima obra teológica para seu clube do livro, seu estudo bíblico ou sua classe de escola dominical. Como decidir o que seu grupo vai ler? Você poderia pesquisar uma lista de obras na internet, mas provavelmente ainda teria uma grande quantidade de livros para escolher. Em vez de reservar tempo para ler cada obra da lista, você poderá economizar muito esforço se começar sua avaliação pela capa e por outras características do texto de uma obra. Você consegue descobrir muita coisa sobre uma obra teológica examinando o título, as informações sobre o autor, a data de publicação original, a editora, os endossos, o prefácio, a introdução, o sumário, as notas de rodapé ou final de texto, a bibliografia e outros recursos adicionais.

Comece pela capa e pelas informações da publicação

O que as características do texto e as informações da publicação comunicam?

Examinar a capa e as informações da publicação é um componente vital para lhe apresentar uma obra. Até o projeto gráfico pode fornecer as primeiras informações sobre a obra. Por exemplo, se você procurar o título *Don't judge a book by its cover* [Não julgue um livro pela capa], encontrará pelo menos meia dúzia de livros assim intitulados. Qual você deve escolher?

O que foi escrito por Robbie Michaels retrata um jovem na capa, pois é um romance voltado para jovens adultos, enquanto a obra de mesmo título escrita por Josh Benya traz um crocodilo na capa, pois é um livro infantil. Se você estiver procurando um livro acadêmico sobre a importância das capas dos livros, poderá descartar rapidamente esses dois livros em troca da obra de Nicole Matthews e Nickianne Moody, intitulada *Judging a book by its cover* [Julgando um livro pela capa]. O subtítulo – *Fans, publishers, designers, and the marketing of fiction* [Fãs, editores, designers e o marketing de ficção] – e o *design* da capa, com um grande título impresso e duas imagens de livros de ficção mais antigos, ajudam o leitor em potencial a reconhecer que essa obra se dedica a explicar a importância das capas dos livros de ficção.

As editoras usam a capa do livro para apresentá-lo aos leitores em potencial. Funciona como a "cara" do livro e ajuda a gerar expectativas sobre o que há dentro dele, do mesmo modo que um sorriso e um semblante fechado geram expectativas sobre o humor de uma pessoa. Gastar alguns minutos examinando a capa do livro e as informações da publicação, entre elas o sumário, pode ajudar a responder a algumas das seguintes questões essenciais, das quais trataremos no restante deste capítulo:

- Qual é o significado do título da obra?

- Quem escreveu a obra?

- Quem a publicou?

- Quando a obra foi escrita e publicada pela primeira vez?

- É uma tradução?

- Qual é a edição da obra?

- Quem é seu público-alvo?

- Qual é seu propósito?
- Quem endossou a obra?
- Que tópicos são abordados no sumário?

Qual é o significado do título da obra?

Examinando uma obra, geralmente a primeira coisa que você lê é o título. O título comunica a essência da obra e a anuncia para o público-alvo. O título e o subtítulo, fornecidos pelo autor ou pela editora, devem servir como um resumo conciso do livro. Por exemplo, *Confessions of Saint Augustine*[2] são memórias de caráter espiritual, enquanto *The city of God against the pagans*[3] é uma teologia da história e da sociedade, escrita por Agostinho. Os dois títulos ajudam a indicar os diferentes objetivos de cada obra: uma se concentra na vida de Agostinho e a outra, no mundo. Se o título já de início for pouco claro ou obscuro, como *Institutes of elenctic theology*,[4] de François Turretini, pode ser um sinal de que a obra se destina a um público-alvo específico. Teologia apologética é um formato de debate em que o autor não apenas expõe o que é verdadeiro, mas refuta o que é falso. Essa obra foi escrita no século 17 para estudantes reformados da Academia de Genebra, não só para estabelecer a posição reformada, mas também para refutar a teologia católica.

Os subtítulos normalmente ajudam a contextualizar uma obra, esclarecendo sua premissa central, seu público e seu objetivo. A obra de Elisabeth Schüssler Fiorenza, *In memory of her: a feminist theological reconstruction of Christian origins* [Em memória dela: uma reconstrução teológica feminista das origens cristãs] é um bom exemplo. O subtítulo permite que o leitor saiba que a autora está escrevendo a partir de uma perspectiva feminista, a fim de empoderar as mulheres, ao trazer à luz o papel que elas desempenharam nas origens do cristianismo. Sem o subtítulo, o título é muito vago, e a obra pode ser confundida com uma biografia.

Quem escreveu a obra?

Em geral, a contracapa ou as orelhas do livro fornecem uma breve apresentação do autor, incluindo suas credenciais, afiliações religiosas/

---

2   No Brasil: *Confissões* (Penguin-Companhia das Letras, 2017).
3   No Brasil: *A cidade de Deus*, 2 vols. (Vozes, 2013).
4   No Brasil: *Compêndio de teologia apologética*, 3 vols. (São Paulo: Cultura Cristã, 2011).

acadêmicas e outras obras que ele tenha publicado. Essas informações biográficas iniciais ajudarão a estabelecer a credibilidade do autor. O autor é filiado a uma instituição acadêmica ou eclesiástica reconhecida? Ele tem alguma formação ou especialização? Pelo que o autor é conhecido? Por exemplo, na contracapa do livro *The triune God* [O Deus trino], ficamos sabendo que o autor, Fred Sanders, fez seu doutorado na Graduate Theological Union, em Berkeley, e que ele é professor de teologia no Torrey Honors Institute, da Biola University. Ele também já publicou vários livros sobre a Trindade, entre eles *The deep things of God: how the Trinity changes everything* [As profundezas de Deus: como a Trindade muda tudo], e é um blogueiro popular no *Scriptorium Daily*. Se você quiser saber mais informações sobre Sanders, as informações biográficas fornecidas na capa direcionam você para a Biola University e o blog dele.

Quem a publicou?

As editoras têm interesses diferentes e direcionam suas obras para públicos e áreas de interesse específicos. É importante identificar, por exemplo, se a editora é secular ou religiosa. Uma editora secular tende a publicar obras voltadas para o público acadêmico tradicional ou secular, enquanto as editoras religiosas tendem a se concentrar em um público mais restrito. Algumas editoras religiosas podem pertencer a uma empresa secular, como no caso da editora cristã Zondervan, que foi adquirida pela HarperCollins em 1988. A HarperCollins é proprietária de cerca de cinquenta editoras, entre elas a Harlequin Enterprises e a HarperTeen. Cada um desses braços tem um público-alvo diferente.

Também é útil discernir a afiliação das editoras religiosas. A editora é católica, evangélica, luterana, reformada, ortodoxa oriental ou tem alguma outra associação? A editora católica Emmaus Academic se anuncia como o braço acadêmico do St. Paul Center for Biblical Theology, enquanto a Augsburg Fortress é a editora da Igreja Evangélica Luterana nos Estados Unidos. Essas duas afiliações diferentes afetam as obras que essas editoras publicam. A missão da Emmaus é "participar da renovação da teologia católica por meio da publicação do que há de melhor na pesquisa orientada pela piedade".[5] Em contraste, "A Augsburg Fortress desenvolve recursos atrativos para congregações

---

5   Nossa missão, *Emmaus Academic*. Disponível em: www.emmausacademic.com/about.

luteranas".[6] É importante perceber que essas editoras buscam promover uma perspectiva católica ou luterana.

Outras perguntas importantes a serem feitas sobre a editora são se ela direciona suas publicações primordialmente a um público acadêmico ou mais popular, e se a editora tem alguma especialidade. Por exemplo, a biografia escrita por Eric Metaxas, *Martinho Lutero: o homem que redescobriu Deus e mudou o mundo*, é publicada pela Viking, editora popular, e é voltada para o público em geral, enquanto a obra de referência de Martin Brecht sobre Lutero, em três volumes, é publicada pela Fortress Press, para um público acadêmico. Algumas editoras podem se especializar na publicação de monografias, livros didáticos, estudos bíblicos, comentários, obras históricas, obras contemporâneas ou mesmo livros de autoajuda.

Uma última pergunta a fazer é: qual é a reputação da editora? Isso é particularmente importante em razão do aumento da autopublicação e de blogs, que permitem que qualquer pessoa seja um autor com uma obra "publicada". Embora esses escritos possam ser recursos valiosos, editoras de renome, pelas quais teólogos famosos são publicados, emprestam credibilidade a uma obra. Editoras de peso geralmente analisam os livros que publicam e fornecem aos autores sugestões editoriais e revisões de pares.

Algumas editoras dão pouquíssima orientação a seus autores, e seu trabalho equivale basicamente ao da autopublicação. Se a obra for uma monografia, uma editora menos conhecida pode ser aceitável, sobretudo se a obra já tiver passado por um rigoroso processo de edição. Esse é frequentemente o caso com dissertações publicadas. Nessas situações, entretanto, pode ser útil consultar algumas resenhas da obra para obter uma melhor compreensão do seu valor.

Quando a obra foi escrita e publicada pela primeira vez?

O texto original e a data da primeira publicação podem fornecer algumas informações iniciais sobre o contexto e o propósito de uma obra teológica. Como alguém data uma obra teológica pode afetar a forma como ela é interpretada. Um erro comum é presumir que a data de publicação é a mesma de quando a obra foi escrita. Por exemplo, como

---

6   Sobre nós, *Augsburg Fortress*. Disponível em: www.augsburgfortress.org/info/about.jsp.

PRIMEIROS PASSOS   **49**

devemos datar a obra *On the incarnation*,[7] de Atanásio? Digamos que a edição que você está lendo forneça a data de publicação de 1981 e mencione C. S. Lewis como autor da introdução. É evidente que 1981 não pode ser a data em que a obra foi escrita ou publicada originalmente, uma vez que Atanásio e Lewis já eram falecidos em 1981 (Atanásio faleceu em 373 e Lewis, em 1963). Então, quando essa obra foi realmente escrita? Foi antes ou depois do primeiro Concílio de Niceia? Foi antes ou depois de Atanásio se tornar bispo de Alexandria? Ele estava refutando a heresia ariana (que negava a divindade de Cristo), sintetizando a ortodoxia de Niceia (que definia a relação de Cristo com a Trindade) ou escrevendo antes de qualquer dessas duas ocasiões? Descobrir o ano em que a obra foi escrita ajuda o leitor a determinar o propósito de Atanásio ao escrevê-la.

É uma tradução?

É importante observar se uma obra é ou não uma tradução. As traduções podem acrescentar outra camada interpretativa à compreensão de uma obra teológica. Pense, por exemplo, nas diferenças entre as traduções da Bíblia. A maioria dos leitores não consegue ler a Bíblia nas línguas originais, de modo que as traduções são vitais. Mas por que temos tantas traduções bíblicas diferentes? Essa realidade é consequência de vários fatores: o reconhecimento de que a língua está sempre mudando; o fato de os tradutores contarem com diferentes manuscritos; e as várias abordagens usadas na tradução da Bíblia. Como C. S. Lewis afirma em sua introdução à tradução, para o inglês moderno, da obra *On the incarnation*, de Atanásio, uma boa tradução torna uma obra mais acessível ao leitor comum.[8]

Se você não consegue ler uma obra no idioma em que foi originalmente escrita, é vital que procure uma tradução que transmita, de forma precisa e efetiva, não apenas as palavras do autor, mas também suas ideias. Se estiver tendo problemas para compreender o significado de determinada palavra, frase ou ideia, pode ser útil verificar se há mais de uma tradução dessa obra. Por exemplo, Martinho Lutero usa o termo alemão *Anfechtung* para descrever sua vida antes da conversão. Este

---

7   No Brasil: *Santo Atanásio,* Coleção Patrística, vol. 18 (São Paulo: Paulus, 2002).

8   Atanásio, *On the incarnation: the treatise* De incarnatione Verbi Dei, tradução de Penelope Lawson, introdução de C. S. Lewis (New York: Macmillan, 1981), p. xv.

50 COMO LER TEOLOGIA

termo não tem um equivalente específico em português. Se você procurá-lo em um dicionário de alemão, verá que é definido como "contestador", "desafiador", "evasão", "ataque," "julgamento" ou "tribulação". E descobrirá que um tradutor dos textos de Lutero traduz esse termo por "tentação"; outro, por "provações"; e ainda um terceiro, por "aflição". A tradução norte-americana de *Luther's works* [Obras de Lutero], bastante respeitada, opta por usar essas três traduções para o termo e ainda acrescenta mais uma: "tribulação". Cada uma dessas traduções ajuda a desvendar esse termo obscuro e multifacetado. Traduções pobres ou arcaicas podem obscurecer ainda mais o significado do texto.

Qual é a edição da obra?

Certifique-se de prestar atenção se é uma primeira edição ou uma edição posterior. Essa informação indica se a obra se tornou popular, se foi revisada e se resistiu à prova do tempo. Geralmente, é melhor escolher a edição mais recente. Por exemplo, a terceira edição do *Evangelical dictionary of theology* [Dicionário evangélico de teologia] traz novos artigos e revisões a fim de torná-lo relevante para o público contemporâneo.

Contudo, há exceções a essa regra prática. Por exemplo, certas edições anteriores podem ser voltadas para um público diferente ou podem ser úteis para acessar o pensamento inicial de um autor. Esse é o caso das *Institutas de religião cristã,* de João Calvino. O valor de cada edição das *Institutas* depende, em parte, do propósito de quem a lê. Para quem estiver procurando uma das primeiras obras voltadas para a educação religiosa dos protestantes, a primeira edição, publicada em 1536, será de seu interesse. Se, no entanto, você estiver procurando uma obra sistemática mais desenvolvida, escrita durante a Reforma, vai preferir examinar a quinta edição, publicada em 1559. Se quiser ler a tradução-padrão em inglês, provavelmente deve olhar a edição de 1960, traduzida por Ford Lewis Battles e editada por John T. McNeill. As versões podem ter uma variação significativa em termos de conteúdo, formato, idioma e recursos.

Quem é seu público-alvo?

Autores e editores geralmente direcionam a obra a um público específico. Ela se dirige a um público que pensa de forma semelhante ao autor ou que se opõe às suas ideias? A um público secular ou religioso?

A um público acadêmico ou popular? A iniciantes ou especialistas? A uma disciplina específica – como psicologia, sociologia, história da igreja, ciências, humanidades? A um grupo específico – jovens, mulheres, homens, alunos do Ensino Médio, estudantes universitários, seminaristas, uma denominação, uma religião específica ou um grupo étnico? Por exemplo, *A abolição do homem*, de C. S. Lewis, cuja edição em inglês recebeu o subtítulo *Reflections on education with special reference to the teaching of English in the upper forms of schools* [Reflexões sobre a educação, com especial referência ao ensino de língua inglesa no segundo ciclo do ensino fundamental], foi um material inicialmente ministrado como uma série de palestras, em 1943, na Universidade de Durham, durante a Segunda Guerra Mundial, como uma crítica à compreensão moderna dos valores morais. Essa obra dirigia-se a um público de acadêmicos, principalmente aos que pertenciam à área de ensino de língua inglesa. A obra *That hideous strength: a modern fairy-tale for grown-ups* [Essa força medonha: um conto de fadas moderno para adultos], publicada em 1945, é uma adaptação ficcional de *A abolição do homem*. Lewis escreveu essa obra literária para transmitir sua crítica à modernidade para um público mais amplo. Embora ambas as obras compartilhem de percepções filosóficas e teológicas semelhantes, elas diferem quanto ao formato e ao público-alvo. O subtítulo, a descrição da capa e o sumário ajudam a identificar o público-alvo de cada obra.

Qual é seu propósito?

Como mencionado, editoras e autores têm um objetivo por trás de toda obra. Descobrir esse propósito, entretanto, pode exigir um pouco de trabalho de detetive. Geralmente o título, a descrição do conteúdo, o sumário e a introdução comunicam a intenção do autor. Ele pretende contar uma história, descrever uma ideia, informar, instruir, treinar, entreter ou convencer o leitor a acreditar em algo? Por exemplo, o propósito de J. P. Moreland, apologista evangélico, ao escrever *The God conversation: using stories and illustrations to explain your faith* [Falando de Deus: usando histórias e ilustrações para explicar a fé], é capacitar cristãos no que diz respeito a como ter boas conversas com as pessoas sobre a fé. Em contrapartida, outro livro de Moreland, *The God question: an invitation to a life of meaning* [A questão de Deus: um convite a uma vida com sentido], é dirigido a não cristãos dados à reflexão e que estejam abertos a aprender sobre a vida cristã, bem como a cristãos que desejam mais de sua fé do que apenas "serem religiosos". Ambas as obras discutem questões profundas sobre Deus e a fé, mas a primeira está concentrada em capacitar o cristão e a outra, em responder a perguntas de pessoas que buscam a Deus ou de cristãos questionadores. Os diferentes propósitos impactam o conteúdo da mensagem e a maneira como ela é transmitida.

Quem endossou a obra?

A contracapa e as orelhas de uma obra costumam trazer endossos. Dar uma olhada nesses endossos pode ajudar alguém a decidir se deseja ler o livro. Os endossos fornecem declarações concisas sobre o valor da obra, seu conteúdo e estilo. Em geral, os endossos de pessoas mais conhecidas e influentes aparecem primeiro. É útil sondar se a obra é endossada por um especialista no assunto e o que este valoriza na obra. As editoras sabem que os endossos são um dos recursos mais importantes para vender um livro. Especialistas renomados na área geralmente escrevem endossos úteis, pois nos dão uma ideia do valor da obra.

Os endossos podem ser particularmente úteis quando alguém está avaliando uma obra recém-lançada ou algo escrito por um autor relativamente desconhecido. Se o tópico de seu interesse for a teologia do solteirismo, por exemplo, você pode cruzar com o livro de Christina Hitchcock intitulado *The significance of singleness: a theological vision for the future of the church* [O significado do solteirismo: uma visão teológica para o futuro da igreja]. A obra traz vários endossos para ajudar a discernir se este livro pode ser proveitoso para você, entre eles alguns escritos por Steven Garber (Regent College), Ian A. McFarland (Universidade de Cambridge), Lisa Graham McMinn (George Fox University), Jason Byassee (Vancouver School of Theology), Kimlyn J. Bender (Baylor University) e David Rylaarsdam (Calvin Theological Seminary).

Os acadêmicos que endossam o livro são especialistas em liderança, antropologia, sociologia, questões de gênero, hermenêutica bíblica, ética e formação espiritual. O endosso de Garber revela que a obra é teológica e pessoal, historicamente situada na história da igreja, ao mesmo tempo que está atenta às "complexidades contemporâneas relativas a sexualidade, casamento e família". É voltada para aqueles que estão lidando com a tensão de serem piedosos e humanos no mundo moderno. O endosso de McFarland ajuda o leitor a reconhecer que a obra de Hitchcock foi escrita a partir de uma perspectiva distintamente evangélica que também é relevante para não evangélicos.

Esses endossos são úteis ao indicarem, de modo conciso, o tipo de público que pode apreciar a obra em questão, os tópicos relevantes que nela foram incluídos, o estilo do autor e sua contribuição para a discussão atual das questões de gênero na igreja. Todas essas informações ajudam o leitor a se familiarizar com a obra.

Quais tópicos são abordados no sumário?

O sumário é como um mapa que a editora fornece para ajudar você a transitar pelo livro. Examinar o sumário, assim como consultar um mapa rodoviário, pode mostrar para onde o autor está indo e como planeja chegar lá. Um sumário bem escrito identifica as ideias principais e, possivelmente, as ideias secundárias de cada capítulo ou seção, e mostra ao leitor onde poderá encontrá-las.

Na capa ou na contracapa do livro, há outros materiais adicionais, como o prefácio, a dedicatória e a epígrafe, que podem lhe apresentar as principais ideias ou o propósito da obra. O prefácio, geralmente escrito por outra pessoa, serve como um endosso mais extenso e introdução à obra. A dedicatória pode ajudar a identificar influências importantes no autor, qualquer auxílio que este tenha recebido na redação ou na edição do texto e, possivelmente, até mesmo um pouco sobre os valores ou o tom do autor. Da mesma forma, o epílogo, que vem no final do livro, serve como resumo, comentário final, conclusão ou informação adicional ao texto. Pode encerrar o livro ou indicar ideias que serão desenvolvidas em outra obra. Todos esses recursos funcionam em conjunto com o sumário, a fim de dar ao leitor uma visão geral da obra teológica.

Juntando tudo: um exemplo de como analisar a capa e as informações da publicação

Se, por exemplo, alguém estiver estudando o livro de 1Pedro e quiser compreender melhor os termos *eleito* e *presciência* (1Pedro 1:1-2), pode ser útil contar com um recurso como a obra *Divine foreknowledge: four views* [Presciência divina: quatro visões].[9] Como começar a analisar este texto com discernimento? O título e as informações da publicação

---

9   James K. Beilby; Paul R. Eddy (orgs.). *Divine foreknowledge: four views* (Downers Grove: InterVarsity, 2001).

54   COMO LER TEOLOGIA

indicam que essa obra faz parte de uma série de livros – a Spectrum Multiview Book Series – e é considerada um texto de nível interme-diário.[10] É publicada pela IVP Academic, uma extensão da InterVarsity Christian Fellowship, organização evangélica que visa servir aqueles que estão "na universidade, na igreja e no mundo, publicando recur-sos que capacitam e encorajam as pessoas a seguirem a Jesus como Salvador e Senhor de tudo na vida".[11]

A obra *Divine foreknowledge: four views* foi publicada pela primeira vez em 2001 e escrita pouco antes dessa época. A contracapa e a introdução à obra mencionam que foi publicada em meio a debates acalorados sobre a presciência divina, que ocorreram nos círculos evangélicos, particular-mente com respeito à ortodoxia do teísmo aberto, a visão de que Deus não conhece o futuro em detalhes, exaustivamente, mas o deixa parcial-mente "aberto" a "possibilidades" determinadas pelos atos livres de uma criatura, como é apresentado por Greg Boyd neste volume.[12]

A introdução também esclarece ao leitor o público-alvo: "leigos instruídos e estudantes universitários que já tenham feito um primeiro curso em teologia ou filosofia".[13] A contracapa explica que a obra aju-dará o leitor a identificar áreas de concordância e discordância de cada perspectiva, bem como a avaliar seus pontos fortes e fracos, a fim de ajudar a formar uma compreensão da presciência divina. Todas essas informações são úteis para discernir não apenas *o que* os autores estão comunicando, mas também *por que* estão transmitindo isso da maneira que transmitem.

O *copyright* da obra e a introdução também advertem o leitor de que esta obra foi escrita no início do século 21. O clima no evangeli-calismo da América do Norte em 2001 era muito diferente do que em 1971, antes da publicação da *Declaração de Chicago sobre a inerrância bí-blica*, escrita para defender a inerrância da Bíblia diante de concepções mais liberais da Escritura. Como afirma a introdução da obra *Divine foreknowledge*, muitos evangélicos, particularmente na América do

---

10   Spectrum Multiview Book Series, *Divine Foreknowledge*. Disponível em: www.ivpress. com/divine-foreknowledge.

11   About IVP [Sobre IVP]. InterVarsity Press. Disponível em: www.ivpress.com/about.

12   Gregory Boyd. "The open-theism view". In: James K. Beilby e Paul R. Eddy (orgs.). *Divine fore-knowledge: four views* (Downers Grove: InterVarsity, 2001), p. 13-64.

13   Beilby; Eddy (orgs.). *Divine Foreknowledge*, p. 11.

Norte, viam o teísmo aberto, assim como os debates sobre a inerrância, como uma das próximas grandes ameaças à ortodoxia evangélica.[14]

O sumário informa o leitor não apenas sobre a estrutura do livro, mas também sobre as quatro perspectivas específicas tratadas na obra: a "visão do teísmo aberto", de Gregory A. Boyd; a "visão da presciência simples", de David Hunt; a "visão do conhecimento médio", de William Lane Craig; e a "visão agostiniano-calvinista", de Paul Helm. Cada capítulo também inclui respostas dos demais autores.

Embora essa obra não tenha endossos, a contracapa fornece informações introdutórias importantes sobre os vários autores e os organizadores. A partir delas, podemos saber que os dois organizadores foram professores do Bethel College, em St. Paul, Minnesota, que, na época da publicação do livro, fazia parte da Conferência Geral Batista, que estava discutindo a ortodoxia do teísmo aberto. Todos os autores escrevem a partir de uma perspectiva evangélica.

Esse exemplo ilustra a importância de começar pelas informações da publicação, pela introdução e pelo sumário. Essas informações iniciais oferecem uma visão sobre o contexto, o conteúdo e o propósito da obra. Por meio delas, fica evidente que a obra tem como alvo principal um público evangélico instruído, que tenha algum conhecimento filosófico e teológico básico e esteja interessado no debate que está se desenrolando, entre os evangélicos, sobre a presciência divina.

Analisando outras características do texto: o que as notas, a bibliografia e o índice nos dizem?

Outras características do texto também ajudam a destrinchar uma obra. As notas de rodapé/de final de texto, a bibliografia e o índice, tão frequentemente negligenciados, são recursos valiosos para responder a perguntas como as seguintes, que examinaremos com mais profundidade:

- Em que tipos de fontes o autor confia?

- Quem influenciou o autor?

- Que partes da Escritura o autor cita?

---

14 Beilby; Eddy (orgs.). *Divine foreknowledge*, p. 9.

Em que tipos de fontes o autor confia e quem o influenciou?

Um autor pode se basear em vários tipos de fontes, entre elas a ciência, a filosofia, a teologia, os estudos bíblicos, a Escritura ou a experiência pessoal, bem como em teólogos, filósofos e escolas de pensamento específicos. Também pode ser importante observar as fontes que o autor está refutando. Você pode começar a identificar as fontes que ele usou analisando as notas de rodapé/de final de texto, as citações internas, a bibliografia e o índice. Muitos leitores frequentemente negligenciam esses valiosos recursos. Uma rápida varredura, no entanto, pode ajudar a identificar em que o autor está primordialmente baseando suas ideias. Você deve procurar descobrir não apenas os tipos de fontes que o autor utiliza, mas também a frequência com que ele as cita. Por exemplo, quando se analisa a obra *She who is* [Aquela que é], fica logo evidente que Elizabeth Johnson baseia-se principalmente na experiência de mulheres, o que, segundo ela, é "um recurso raramente considerado na história da teologia".[15] Ela inclui na obra mulheres que diferem em questões de raça, classe social, cultura e outros aspectos históricos, mas que têm em comum experiências com o patriarcado.

Algo que também ajuda é lembrar que obras mais antigas, no entanto, muitas vezes carecem de citações. Antes não se esperava que os autores citassem suas fontes e, muitas vezes, nem mesmo tinham a oportunidade de fazê-lo. A Bíblia, por exemplo, nem sempre foi organizada em capítulos e versículos. Foi só em meados do século 16 que as Bíblias começaram a ser impressas com capítulos e versículos. Assim, teólogos do passado, como Martinho Lutero, não teriam citado versículos da Bíblia da maneira que fazemos hoje. Nesses casos, é útil usar obras com textos anotados, que geralmente fornecem essas informações, como as da série *The annotated Luther* [Lutero anotado], publicada pela Fortress Press, ou tentar identificar as fontes com base no conteúdo, e não nas notas de rodapé ou de final de texto.

Quais partes da Escritura são citadas pelo autor?

Se o autor se baseia na Escritura, o que pode ajudar é identificar a quais partes da Escritura o autor se volta principalmente, como os Evangelhos, as epístolas, textos narrativos, textos proféticos, literatura sapiencial,

---

15 Elizabeth A. Johnson. *She who is: the mystery of God in feminist theological discourse* (New York: Crossroad, 1992), p. 29.

textos poéticos e assim por diante. Tal como ao identificar os tipos de fontes, o leitor pode começar a identificar o uso que o autor faz da Escritura lendo o sumário e analisando o texto, as notas e o índice.

A obra clássica de Dietrich Bonhoeffer, *The cost of discipleship*, por exemplo, baseia-se no Sermão da Montanha. Essa dependência não fica evidente por citações internas ou notas de rodapé, uma vez que Bonhoeffer nem sempre cita as passagens, mas é revelada no sumário.[16]

Pode ser igualmente importante identificar as partes da Escritura que o autor não usa na obra. Por exemplo, Adolf von Harnack, na obra *What is Christianity?*, cita bastante os Evangelhos Sinóticos, mas negligencia o significado do Evangelho de João, o que reflete seu repúdio à plena natureza divina de Cristo.[17] As passagens que um autor usa ou evita revelam muito sobre sua perspectiva teológica.

Juntando tudo: um exemplo de como analisar outras características do texto

Também é possível colher bastante informação sobre uma obra analisando outras características do texto. Voltando ao nosso exemplo anterior, a obra *Divine foreknowledge: four views*, podemos aprender muita coisa com as notas, o índice e a bibliografia do capítulo de Greg Boyd sobre teísmo aberto. Em suas notas de rodapé, Boyd faz referência a fontes filosóficas e científicas – incluindo referências à teoria do caos, bem como a teólogos como John Sanders e Dietrich Bonhoeffer – em apoio a sua opinião. Ele também identifica alguns de seus oponentes, entre eles Thomas Oden e Robert Strimple. As notas de rodapé e o índice de referências bíblicas revelam a forte dependência de Boyd em relação à Escritura. Ele tende a favorecer os textos narrativos e proféticos, especialmente do Antigo Testamento, em detrimento da Lei e das epístolas. Essa abordagem contrasta nitidamente com a de dois outros colaboradores do livro, Paul Helm e David Hunt, que priorizam as epístolas do Novo Testamento. Essas características do texto nos ajudam a começar a discernir algumas das diferenças entre o teísmo aberto e as outras perspectivas, na obra em questão.

---

16 Veja Dietrich Bonhoeffer. *The cost of discipleship* (New York: Macmillan, 1963), p. 5. No Brasil: *Discipulado* (São Paulo: Mundo Cristão, 2016).

17 Veja Adolf von Harnack. *What is Christianity?* (New York: Putnam, 1902), p. 21-40. No Brasil: *O que é cristianismo?* (Reflexão, 2004).

Conclusão

A importância de analisar as características do texto e as informações da publicação é frequentemente negligenciada. Quando essa etapa é ignorada, no entanto, você pode acabar gastando muito tempo extra, a longo prazo, tentando entender uma obra. Seria como tentar dirigir um carro em marcha à ré sem primeiro verificar os retrovisores. As características textuais de um livro servem como um guia para ajudar você a transitar pelo texto, assim como os espelhos nos ajudam a dirigir um veículo com segurança. O autor e o editor fornecem essas ferramentas para ajudar você a compreender o texto. Quando bem usadas, será um bom começo para ouvir o autor com precisão. Como Walt Disney dizia com razão: "Há mais tesouros nos livros do que em todos os saques piratas na Ilha do Tesouro".[18] Podemos começar a acessar esse tesouro iniciando por essa etapa.

Questões para discussão e reflexão

1. Diga o que pensa do ditado: "Não julgue o livro pela capa". Explique como julgar um livro *apenas* por sua aparência externa pode ser prejudicial.

2. Em João 7:24, Jesus diz: "Não julguem pelas aparências, mas julguem com reto juízo". Aplique essa afirmação ao seu modo de abordar a leitura de um livro. Cite uma maneira prática de você "julgar com reto juízo" um livro, quando o analisa pela primeira vez?

3. O que você pode aprender sobre este livro apenas pelo título ou por outro conteúdo textual inicial?

4. As editoras têm preocupações diferentes e direcionam suas obras a determinados públicos e a áreas de interesse específicas. Se você fosse publicar uma obra teológica, que tipo de editora procuraria e por quê?

5. Como a data em que uma obra foi escrita pode afetar nossa compreensão do texto? Dê um exemplo.

---

18 Dave Smith. *The quotable Walt Disney* (New York: Disney, 2001), p. 155.

6. A tradução pode acrescentar ao texto uma camada interpretativa. Dê um exemplo de uma palavra ou frase em português que, se não for explicada de forma adequada, pode ser mal interpretada. Como essa mesma situação pode se aplicar à leitura de textos teológicos?

Adote a prática de analisar as características do texto e as informações da publicação

O que as características do texto e as informações da publicação transmitem?

Faça uma breve análise da capa, do sumário, da introdução, das notas, da bibliografia e do índice de uma obra teológica, e depois responda às seguintes perguntas:

- Qual é o significado do título da obra?
- Quem escreveu a obra?
- Quem a publicou?
- Quando ela foi escrita e publicada pela primeira vez?
- Qual é a edição da obra? É uma tradução?
- Quem é seu público-alvo?
- Qual é seu propósito?
- Quem endossou a obra?
- Em que tipos de fontes o autor confia? Quem o influenciou?
- Que partes da Escritura o autor cita?

Resuma brevemente essas informações e explique como elas ajudam você a se preparar para a leitura do livro.

CAPÍTULO 4

IDENTIFICANDO O CONTEXTO: FAMILIARIZANDO-SE COM O TEÓLOGO

Tenho sofrido bastante com escritores que citaram esta ou aquela frase minha, seja fora de seu contexto, seja em justaposição a algum assunto incongruente, que distorceu totalmente ou destruiu por completo o significado original.
Alfred North Whitehead, *Dialogues of Alfred North Whitehead*

Assim, fixamos nossos olhos não no que se vê, mas no que não se vê, uma vez que o que se vê é temporário, mas o que não se vê é eterno.
2Coríntios 4:18 (NIV)

Como o contexto informa o significado da obra teológica?

Somos, ao menos a certa altura de nossa vida, encorajados a tomar o caminho "menos percorrido". O famoso poema de Robert Frost, "The road not taken" [O caminho não percorrido], é frequentemente citado em formaturas como um imperativo para que as pessoas trilhem seu próprio caminho na vida, resistam ao conformismo, corram riscos. Ironicamente, essa conhecida frase do poema de Frost – "Tomei o [caminho] menos percorrido, e isso fez toda a diferença" – tem sido amplamente mal interpretada. O poeta não estava encorajando a individualidade e a independência, mas sim zombando delas.

62 COMO LER TEOLOGIA

Frost escreveu o poema como uma espécie de brincadeira para seu amigo Edward Thomas, também poeta, que estava indeciso e muitas vezes questionava a decisão de Frost sobre o caminho que deveriam ter seguido em suas caminhadas. Na época em que o poema foi escrito, Thomas também estava lutando com a decisão sobre se deveria ou não se alistar na Primeira Guerra Mundial. Em uma carta a Thomas, Frost comentou: "Não importa qual caminho tome, você sempre ficará suspirando e desejando ter seguido o outro". Por ter inicialmente interpretado mal o poema, não o reconhecendo como uma crítica à sua indecisão e à dúvida, Thomas advertiu Frost de que a maioria dos leitores o interpretaria mal. "Duvido que você consiga fazer com que alguém veja a graça disso sem mostrar e recomendar que tipo de risada devem dar".[1] Depois de ler o poema para um grupo de estudantes universitários, Frost relatou a Thomas que foi levado muito a sério, "apesar de eu ter feito o meu melhor para deixar claro, do meu modo, que eu estava brincando... *Mea culpa*".[2]

Sem esse contexto, o "suspiro" na última estrofe do poema costuma ser enigmático para o leitor. É um suspiro de decepção ou de satisfação por ter trilhado um caminho em vez do outro? O leitor deve seguir os passos do narrador e tomar o caminho menos percorrido? A maneira como respondemos a essas perguntas depende, de certa forma, do contexto ou das lentes através das quais o poema é lido.

Como um cientista do século 19, John Lubbock, disse com razão: "O que vemos depende, acima de tudo, do que procuramos". Um fazendeiro, um geólogo, um botânico, um artista e alguém dedicado à caça esportiva notarão coisas diferentes no mesmo campo: colheita, fósseis, flores, cores ou a camuflagem que a plantação propicia para a caça, respectivamente.[3] O mesmo pode ser dito sobre um leitor. A interpretação que fazemos de um texto pode ser influenciada pelas lentes através das quais o vemos.

Embora um poema como "The road not taken" possa ter muitas interpretações, o contexto – ou a história de fundo – pode ajudar a

---

1 Citado por Matthew Hollis. *Now all roads lead to France: a life of Edward Thomas* (New York: Norton, 2011), p. 235-6.

2 Citado por Katherine Robinson. Robert Frost: "The road not taken". *Poetry Foundation*. 27 maio 2016. Disponível em: www.poetryfoundation.org/articles/89511/robert-frost-the-road-not-taken.

3 John Lubbock. *The beauties of nature and the wonders of the world we live in* (New York: Macmillan, 1897), p. 3.

IDENTIFICANDO O CONTEXTO **63**

desvendar o significado pretendido pelo autor. Para ocidentais, que valorizam o individualismo, a autodeterminação e a liberdade, o significado óbvio do "suspiro" [na última estrofe do poema] é o deleite que alguém sente quando decide não se conformar, mas sim seguir seus próprios desejos. Contudo, para Frost, um crítico da noção de autodeterminação, o "suspiro" pretendia ser, em suas próprias palavras, um "suspiro de escárnio".[4] Se quisermos realmente entender uma obra, precisamos evitar lê-la apenas através de nossas próprias lentes, de modo a nos adequarmos às nossas preconcepções. Em vez disso, devemos tentar ver o texto da perspectiva do autor, para que possamos ouvir o significado por este pretendido.

O contexto desempenha um papel crucial na determinação do significado não só dos poemas, mas também dos textos teológicos. O contexto inclui informações não apenas sobre o *Sitz im Leben* (o contexto da vida ou ambiente) do texto, mas também informações sobre a formação e a vida do teólogo, seu quadro de referências e seu público-alvo. Se quisermos ouvir o teólogo com precisão, do modo que ele pretendia ser ouvido, precisamos reconhecer o contexto social, histórico e religioso do texto, bem como seu objetivo. Também precisamos reconhecer os pressupostos que tendem a moldar a interpretação que fazemos do que lemos.

O ambiente

Qual é o contexto ou ambiente?

Sitz im Leben é uma expressão em alemão que significa a "contexto da vida" ou o ambiente do qual brota uma narrativa específica. Geralmente, os críticos da forma têm usado essa expressão para se referir ao contexto sociológico específico que deu origem a um texto bíblico. O estudioso alemão Hermann Gunkel, por exemplo, usava essa expressão para designar a situação em que uma narrativa bíblica específica foi criada, preservada ou transmitida.[5] Embora haja discussão sobre como esse conceito deve ser aplicado a textos bíblicos – que são produto da inspiração divina registrada por autores humanos (2Timóteo 3:16) – reconhecer o *Sitz im*

---

4 Citado por Robinson, Robert Frost: "The road not taken".
5 Veja F. L. Cross; E. A. Livingstone (orgs.). *The Oxford dictionary of the Christian church* (Oxford: Oxford University Press, 2005), p. 627.

Leben é algo extremamente útil para desvendar textos teológicos, que são obras humanas, escritas por autores humanos, falíveis, e também influenciados por seu contexto. Portanto, nunca devemos abordar uma obra teológica como se ela tivesse sido escrita fora de qualquer contexto.

Conforme exorta 1João 4:1-6, devemos examinar os ensinamentos teológicos. Por exemplo, em Atos 15, somos informados da controvérsia sobre se os gentios precisavam ou não ser circuncidados. Paulo rejeita a ideia de impor a prática judaica aos novos convertidos, insistindo que os gentios não precisam se tornar judeus para serem aceitos por Deus. Para os judeus, a circuncisão era uma parte importante de sua identidade, algo que os diferenciava do restante do mundo. Para os gentios, a circuncisão era um ato de automutilação.

Paulo entende como o contexto tanto dos judeus quanto dos gentios molda a interpretação que cada grupo faz da circuncisão. Portanto, ele defende que forçar os gentios a serem circuncidados não só não faz o menor sentido, mas também é perigoso, pois desafia o próprio evangelho, ou seja, o fato de que somos salvos pela graça, não por obras. Alguns dos primeiros cristãos judeus, que foram também alguns dos primeiros teólogos, estavam impondo a própria identidade judaica aos gentios ao exigirem a circuncisão.

Como o exemplo citado torna evidente, quando lemos teologia, identificar o ambiente ou contexto específico de uma obra ajuda o leitor a interpretá-la corretamente. Essa etapa inclui determinar a situação sociopolítica em questão, o ambiente eclesiástico e o objetivo do teólogo. Duas questões importantes, que consideraremos com maior profundidade, relacionadas ao contexto de uma obra teológica são estas:

- Qual é o contexto específico da obra?

- Por que o teólogo a escreveu?

Qual é o contexto específico da obra?

É essencial identificar o contexto social, político e eclesiástico específico em torno da elaboração do texto de uma obra. Isso pode envolver ter de descobrir situações, ideias e fatos específicos que sejam relevantes. Assim como uma conversa é mais bem compreendida dentro de seu contexto particular, o mesmo acontece com uma obra teológica.

Imagine que você esteja ensinando sobre o derramamento do Espírito Santo em Atos 2. O que você ensinará provavelmente dependerá do contexto específico. Se estiver ensinando crianças em idade pré-escolar, em uma igreja cessacionista (esse termo encontra-se no glossário) e não carismática, que afirma que os dons miraculosos mencionados em Atos eram apenas para aquela época, sua mensagem será diferente de que se você estivesse ensinando um grupo de adultos em uma igreja carismática e continuacionista. No primeiro caso, você provavelmente se concentraria em quem é o Espírito Santo e o que ele fez para a difusão das boas-novas do evangelho de maneira direta. Na segunda hipótese, você poderia enfatizar como os dons de sinais – os dons miraculosos do Espírito Santo mencionados em Atos 2 – ainda são para hoje. O público específico e a igreja em questão impactarão como e o que você comunica.

O mesmo é verdade em relação a um texto teológico. Por exemplo, a abordagem de John Hick para explicar a visão pluralista, no livro *Four views on salvation in a pluralistic world* [Quatro perspectivas da salvação em um mundo pluralista], é moldada pelo público evangélico, para quem o livro foi escrito. Essa obra surgiu de uma conferência que aconteceu em 1992, no Wheaton College, sobre os desafios propostos pelo pluralismo e inclusivismo. Na introdução, o livro sugere que "Hick efetivamente provoca os evangélicos com aquela pergunta que os assombra: Se os cristãos realmente têm uma conexão mais direta com Deus – a realidade sem igual do Espírito Santo e seus frutos – eles não deveriam ser moralmente superiores aos seguidores de outras religiões?"[6]

Seu público original molda não só as questões que ele levanta, mas também a maneira como fundamenta os embates entre a Escritura e a razão. Embora Hick não acredite que a Escritura seja a autoridade final, é um argumento poderoso para um público que valoriza a Escritura. Se ele estivesse escrevendo para um público secular, sua abordagem provavelmente seria muito diferente.

Por que o teólogo escreveu essa obra?

É essencial analisar os motivos e os objetivos explícitos e implícitos do teólogo. Em outras palavras, descobrir *a quem* o teólogo está se dirigindo e *o que* ele está tentando realizar. Essa obra foi escrita para combater ou para apoiar alguma ideia? Foi escrita em relação a uma situação geral ou específica? Foi escrita para instruir, defender algo ou entreter?

---

6 Stanley N. Gundry; Dennis L. Okholm; Timothy R. Phillips (orgs.). *Four views on salvation in a pluralistic world* (Grand Rapids: Zondervan, 1996), p. 18.

Alguns teólogos podem expor com clareza seus motivos, enquanto outros podem ser muito menos diretos.

Em alguns casos, você pode precisar ler nas entrelinhas para descobrir o propósito do teólogo. Por exemplo, na primeira edição de suas *Institutas da religião cristã*, escrita em 1536, João Calvino escreveu o seguinte em seu texto de prefácio ao rei da França:

> Meu propósito foi apenas transmitir certos rudimentos por meio dos quais aqueles tocados por qualquer zelo pela religião possam ser moldados à verdadeira piedade. E empreendi este labor especialmente para nossos compatriotas franceses, muitos dos quais eu sabia que sentem fome e sede de Cristo [...] O próprio livro é um testemunho de que essa era minha intenção, adaptada, da maneira que se encontra, a uma forma de ensino simples e, pode-se dizer, até mesmo elementar.[7]

A essa altura, Calvino pretendia que sua obra fosse um manual de doutrina e uma confissão de fé para neófitos. Seu propósito, entretanto, foi mudando aos poucos em suas edições posteriores. No prefácio à edição de 1559, ele escreveu ao leitor: "Foi meu propósito nesta obra preparar e instruir os candidatos à teologia sagrada na leitura da Palavra divina, a fim de que possam tanto ter facilidade de acesso a ela quanto nela avançar sem tropeços".[8] Enquanto Calvino dedicou a primeira edição das *Institutas* ao *público cristão* em geral, com o intuito de ajudar a guiá-lo em sua compreensão da fé, suas edições revisadas eram direcionadas mais explicitamente aos que estudavam para o ministério, a fim de capacitá-los a interpretar e a ensinar a Palavra de Deus. Essa mudança impactou o conteúdo e a maneira como Calvino escreveu.

Juntando tudo: um exemplo de como identificar o contexto

Se, por exemplo, você tiver interesse em estudar a doutrina reformada da *sola Scriptura*, pode acabar se deparando com uma pequena obra de John Whiteford chamada *Sola Scriptura: an orthodox analysis of the cornerstone of Reformation theology* [Sola Scriptura: uma análise

---

7 *Inst.*, p. 9.
8 *Inst.*, p. 4.

IDENTIFICANDO O CONTEXTO **67**

ortodoxa da pedra angular da teologia da Reforma].[9] Embora o tema da *sola Scriptura não seja novidade,* sendo o conceito anterior a Martinho Lutero no século 16, o contexto específico dessa obra é essencial para compreender a posição do teólogo. Embora a data de publicação do livreto seja 1997, um pouco de pesquisa revela que, na verdade, ele foi escrito alguns anos antes, quando Whiteford era o responsável por ler as Escrituras na missa da Igreja Ortodoxa St. Vladimir, em Houston, pouco depois de se converter da fé nazarena. Como ele menciona no início do texto, *é* importante reconhecer que o começo da década de 1990 testemunhou a dissolução da União Soviética – cuja identidade religiosa pré-soviética era principalmente ortodoxa russa – e um influxo de missionários protestantes na Rússia.

A referida obra foi publicada pela primeira vez em 1995, no *The Christian activist,* um jornal da Igreja Ortodoxa Russa, e reeditado em 1996 como uma monografia pela Conciliar Press, editora da Igreja Ortodoxa na América. Whiteford deixou claro que seu público-alvo primário eram membros vitalícios da Igreja Ortodoxa, a fim de ajudá--los a compreender as diferenças críticas de pressupostos e de epistemologia entre os sistemas de fé protestante e ortodoxo. Ao apontar as falácias do protestantismo, ele procurava impedir os membros ortodoxos de deixarem a Igreja Ortodoxa. Também visava atingir protestantes desiludidos que quisessem conhecer a fé ortodoxa.

Quando essa obra é lida com esse contexto específico em mente, fica-se ciente da agenda de Whiteford: proteger os membros da Igreja Ortodoxa de serem desencaminhados pelos protestantes. Ao escrever principalmente para um público ortodoxo, Whiteford assume que eles entendem e valorizam a tradição ortodoxa e sustentam que a Igreja Ortodoxa é a única igreja verdadeira. Também presume que eles não sabem muito sobre o protestantismo, escrevendo em termos bastante genéricos, comparando o protestantismo a uma hidra mítica, venenosa e multifacetada, colocando mórmons, testemunhas de Jeová e protestantes no mesmo barco. Whiteford está mais empenhado em apoiar a Igreja Ortodoxa nessa obra do que em dar uma explicação imparcial da doutrina da *sola Scriptura.* O fato de conhecer o contexto e os objetivos do autor coloca seu *sola Scriptura* em nítido contraste

---

9 John Whiteford. *Sola Scriptura: an orthodox analysis of the cornerstone of Reformation theology* (Ben Lomand: Conciliar, 1997).

com *The shape of sola Scriptura* [A forma do *sola Scriptura*], escrita pelo teólogo cristão reformado Keith Mathison, em 2001.[10]

Antecedentes: familiarizando-se com o teólogo

Quem é o autor?

Um segundo passo para descobrir informações cruciais do contexto é familiarizar-se mais com o teólogo. A formação, o quadro de referência, o papel e as pressuposições do autor informam *o que* e *como* ele escreve. Assim como um botânico e um artista fazem observações diferentes sobre o mesmo campo, também o teólogo filosófico e o prático ou um cristão ortodoxo e um cristão reformado fazem observações diferentes sobre os mesmos textos bíblicos.

Informações biográficas confiáveis frequentemente podem ser encontradas no próprio livro. As editoras em geral fornecem informações valiosas sobre o teólogo na capa do livro ou no prólogo, no prefácio ou na introdução. Mais informações também podem ser encontradas em *sites* de editoras e em bancos de dados acadêmicos bem conceituados, como *sites* de universidades, de igrejas ou de ministérios para os quais o autor trabalha. Em geral, é melhor evitar *sites* populares como a Wikipédia, cuja confiabilidade nas informações fornecidas é difícil determinar. Em vez disso, são preferíveis recursos confiáveis, redigidos por especialistas sobre a pessoa ou o tópico em questão e publicados por editoras ou domínios da rede mais conceituados. Se estiver consultando fontes on-line, procurar informações publicadas por *sites* de universidades (.edu) ou de organizações profissionais (.org) será de grande valia.

Se não conseguir encontrar informações suficientes por meio da editora ou do teólogo, como costuma acontecer no caso de obras teológicas mais antigas, as bibliotecas das universidades geralmente fornecem acesso a recursos *on-line* confiáveis, como enciclopédias especializadas e bancos de dados. Mesmo quando as informações forem encontradas em um *site* acadêmico de boa reputação, ainda é preciso estar ciente de que pode existir parcialidade. Por exemplo, se você está tentando descobrir o pano de fundo da obra *Bondage of the will*,[11] de Martinho Lutero, o estudioso mórmon A. Burt Horsley, da Universidade Brigham Young, lhe

---

10 Keith A. Mathison. *The shape of sola Scriptura* (Moscow: Canon, 2001).

11 No Brasil: *Nascido escravo* (São José dos Campos: Fiel, 2018).

dará uma imagem do reformador muito diferente da que será fornecida pelo principal estudioso de Lutero, Martin Brecht.

Algumas das questões relacionadas a esse pano de fundo que devem ser abordadas são as seguintes:

- Qual é a formação específica do teólogo e qual é seu quadro de referências?
- Quais são os pressupostos do teólogo?

Qual é a formação específica do teólogo e qual é seu quadro de referências?

A formação do teólogo inclui sua filiação *religiosa/denominacional,* sua formação educacional, sua origem étnica e sua formação sociopolítica. Assim como nossas papilas gustativas impactam as experiências que temos dos alimentos que comemos, também nossa formação impacta nossas perspectivas teológicas. Embora não sejamos apenas um produto do meio em que vivemos, nossas experiências e educação têm uma influência modeladora sobre nossa vida. Raramente – se não nunca – tomamos decisões que não sejam de algum modo condicionadas por nosso histórico de vida, seja dos conselhos que recebemos, seja das experiências que tivemos. Elementos que constituem nosso histórico, como nossos pais, professores, nossa igreja, raça, nossas circunstâncias sociais e nosso gênero, podem ter um impacto formativo sobre nossas perspectivas teológicas. Devemos ter isso em mente quando estivermos lendo teologia.

Teólogos são influenciados pelo lugar em que cresceram, pelos professores com quem aprenderam e pelas situações que enfrentaram. Seus históricos informam sua *visão* de mundo. Eles podem falar a partir de várias posições – como feminista, teólogo da libertação, revisionista, pragmático, evangélico, arminiano, calvinista, católico romano, luterano ou ortodoxo. Seu quadro de referências será abordado posteriormente, no capítulo 5, que trata de como discernir o arcabouço teológico.

Quais são os pressupostos do teólogo?

Um pressuposto é uma suposição implícita ou uma crença de controle que molda a perspectiva de um autor. Em outras palavras, é a suposição de que algo é verdadeiro, tenha ou não sido submetido à verificação. Todos temos nossos pressupostos, os quais impactam nossa perspectiva de Deus e do mundo. Por exemplo, a maioria dos norte-americanos pressupõe que a liberdade é um direito natural inalienável. Já diferentes países, culturas e períodos de tempo não comungam desse mesmo pressuposto. Esse pressuposto afeta a maneira como os norte-americanos veem a justiça, os direitos humanos e até mesmo o relacionamento com Deus.

As respostas às seguintes perguntas ajudam a identificar os pressupostos de um teólogo:

- O que é autoritativo?
- O que é a realidade?
- Quem é Deus?
- Quem somos e de onde viemos?
- Qual é o problema que precisa ser resolvido?
- Qual é o remédio ou solução?

É proveitoso prestar atenção a nuanças que estejam presentes na resposta que um teólogo der a essas perguntas. Particularmente no que diz respeito ao que é autoritativo, a resposta que ele der impactará todas as suas demais proposições. Por exemplo, tanto Martinho Lutero quanto Ulrico Zuínglio insistiam que a Escritura é a autoridade suprema e final em questões de fé. Esses reformadores enfatizaram a importância da autoridade da Escritura contra a insistência da Igreja Católica Romana na natureza autoritativa da Igreja e de sua tradição.

Lutero e Zuínglio divergiam, entretanto, no que concerne a seus pressupostos sobre o valor da razão humana. Zuínglio, educado como um humanista cristão, valorizava a razão bem mais do que Lutero. Essa disparidade fica evidente no debate de Marburgo sobre a natureza da Ceia do Senhor. Lutero afirmou que o pão e o vinho eram, de alguma forma, o corpo e o sangue de Cristo, porque Cristo disse: "Este é o meu corpo". De acordo com Lutero, devemos acatar o que Deus diz. Em contraste, Zuínglio, valorizando a razão, argumentou que o "é", nas palavras de Cristo, deveria ser entendido como "significa", assim como as declarações "Eu sou" feitas por Cristo, no Evangelho de João, devem ser lidas metaforicamente. Cristo não é, literalmente, uma porta ou uma videira; do mesmo modo, ele também não está literalmente presente no pão e no vinho. Embora ambos os teólogos defendessem a autoridade da Escritura acima de tudo, Zuínglio sustentava que a revelação e a razão

IDENTIFICANDO O CONTEXTO **71**

não podiam se contradizer, enquanto Lutero defendia que a revelação frequentemente contradiz a razão humana. Seus pressupostos tiveram um impacto significativo em sua teologia sobre os sacramentos e Cristo.

Juntando tudo: um exemplo de como identificar os antecedentes e pressupostos

Das páginas de abertura até a contracapa da obra *Four views on the historical Adam* [Quatro perspectivas sobre o Adão histórico], há muito para aprender sobre Denis O. Lamoureux, um dos autores. Lamoureux tem doutorado em teologia evangélica pela University of St. Michael's College, bem como doutorado em biologia evolutiva e um doutorado em odontologia pela Universidade de Alberta. Na época da publicação, ele era professor associado de ciência e religião no St. Joseph's College, uma faculdade católica de artes liberais situada no *campus* da Universidade de Alberta. O cargo que ele ocupa é "o primeiro dotado de estabilidade no Canadá, dedicado ao ensino e à pesquisa sobre a relação entre descobertas científicas e a fé cristã".[12]

Ele é autor de vários livros, entre eles *Evolutionary creation: a Christian approach to evolution* [Criacionismo evolucionário: uma abordagem cristã à evolução]; *I love Jesus and I accept Evolution* [Amo Jesus e aceito a evolução]; e *Darwinism defeated? The Johnson-Lamoureux debate on biological origins* [Darwinismo derrotado? O debate Johnson-Lamoureux sobre as origens biológicas]. Essas obras nos ajudam a descobrir que Lamoureux tem exegética e cientificamente buscado defender a evolução a partir de uma perspectiva evangélica.

O site da St. Joseph's College aponta que o foco acadêmico de Lamoureux encontra-se na controvérsia moderna das origens, abraçando "a crença consagrada pelo tempo de que existem duas fontes principais de revelação divina – o Livro das Palavras de Deus e o Livro das Obras de Deus. A Bíblia e o mundo físico se complementam". Ele afirma que a ciência revela *como* Deus criou o mundo, enquanto a Sagrada Escritura atesta *quem* o criou. Sem os dois livros divinos, temos um conhecimento incompleto. Ele sustenta que "Pai, Filho e Espírito Santo criaram o universo e a vida por meio de um processo

---

12 Stanley N. Gundry; Matthew Barrett; Ardel B. Canedy (orgs.). *Four views on the historical Adam* (Grand Rapids: Zondervan, 2013), p. 7.

evolutivo ordenado, continuado e que reflete um *design*". A Bíblia não deve ser vista como um livro de ciências, mas sim como um livro que oferece "mensagens de fé inerrantes e transformadoras".[13]

Em sua história pessoal, Lamoureux conta que foi criado como católico-romano e perdeu a fé da infância quando era estudante universitário, depois de estudar biologia evolutiva. A visão de mundo científica que o cercava – com seu pressuposto fundamental de que a verdade deve ser validada cientificamente – levou-o a ver a religião como "apenas ilusão, um subproduto acidental da evolução humana". Quando ele retornou à sua fé, muitos anos depois, inicialmente rejeitou a evolução em favor do criacionismo da Terra jovem e do literalismo bíblico, como defendem muitos evangélicos conservadores. Ele então concluiu dois doutorados, um em teologia e outro em biologia, para ajudá-lo a entender a questão das origens. Foi nessa época que ele se tornou um criacionista evolucionista, uma posição impopular nos círculos evangélicos. No entanto, ele sustenta que essa posição dá sentido aos Dois Livros Divinos – a criação e a Bíblia.[14]

Essas informações fornecem muitos *insights* valiosos sobre seus pressupostos e suas motivações para argumentar em defesa de uma visão evolucionária da criação do Adão histórico. Para Lamoureux, essa não é uma mera discussão teológica abstrata, mas sim algo que ajuda a responder à questão crítica das origens, uma questão que tem sido uma pedra de tropeço para muitas pessoas, entre elas o próprio Lamoureux.

Por meio do livro, e do *site* do St. Joseph's College, conhecemos informações essenciais sobre sua formação e especialização educacional, as quais mostram como Lamoureux, com sua visão de criação evolucionária, destaca-se dos outros colaboradores do livro. Sua narrativa pessoal oferece *insights* sobre seus pressupostos, incluindo suas crenças de que existem dois Livros Divinos, a Bíblia e a criação; de que Deus é pessoal e atua por meio de processos ordenados, como a evolução; de que somos seres pecadores criados para viver em relacionamento com Deus; e de que precisamos ser redimidos por Cristo.

---

13 Denis O. Lamoureux DDS, PhD, PhD. *St. Joseph's College*. Disponível em: https://sites. ualberta.ca/~dlamoure.

14 Denis O. Lamoureux. "Coming to Terms with Evolution: A Personal Story". Disponível em: https://sites.ualberta.ca/~dlamoure/3_personal_story_ec.pdf.

IDENTIFICANDO O CONTEXTO **73**

O primeiro desses pressupostos faz uma diferença crucial para a perspectiva de Lamoureux. Embora se identifique como um estudioso evangélico conservador, membro da Sociedade Teológica Evangélica, ele também é um cientista. E, ao contrário dos outros colaboradores, afirma que a Bíblia tem uma compreensão antiga da natureza, que pode e deve ser desafiada pelo livro da ciência.

Para desvendar o significado dessas informações, é proveitoso consultar recursos como a obra *Evangelical dictionary of theology*, de Walter Elwell, e a obra *Charts of Christian theology and doctrine* [Quadros de teologia e doutrina cristãs], de H. Wayne House.[15] Ambas ajudarão os leitores de teologia a começarem a compreender as informações de fundo que encontram, como, por exemplo, o que é evolução, criacionismo evolucionário, criacionismo da Terra jovem, o Adão histórico e literalismo bíblico. Com a compreensão desses termos, o leitor poderá estar preparado para compreender mais plenamente a perspectiva de Lamoureux sobre o Adão histórico.

Conclusão

Quanto mais alguém souber sobre um teólogo e o contexto de sua obra, mais estará preparado para interagir com ela em um bom diálogo. Assim como temos uma compreensão mais profunda do que está sendo dito por um amigo ou um parente do que por um estranho, o mesmo ocorre com um texto teológico a que dedicamos tempo para conhecer. É pouco provável que você dê à opinião de um estranho o mesmo peso que dá à opinião de um amigo de confiança no que diz respeito à avaliação de um filme ou de romance, por exemplo. Por que deveria ser diferente no caso de um texto teológico? Enquanto o teólogo continuar sendo um estranho para você, é difícil saber se você deve aceitar sua perspectiva, muito menos ter confiança de que entende de fato o que ele está tentando dizer.

Podemos interpretar mal um texto teológico se pularmos essa etapa, do mesmo modo que muitos interpretaram mal o poema de Frost, "The road not taken". O amigo de Frost, Thomas Edward, estava bem ciente do potencial de interpretarem mal esse poema. O próprio

---

15 Daniel J. Treier; Walter A. Elwell (orgs.). *Evangelical dictionary of theology*, 3. ed. (Grand Rapids: Baker Academic, 2017); H. Wayne House. *Charts of Christian theology and doctrine* (Grand Rapids: Zondervan, 1992).

74 COMO LER TEOLOGIA

Edward, que era um amigo próximo, inicialmente o interpretou mal. Thomas só foi capaz de entender o verdadeiro significado após trocar diversas impressões com Frost. Conhecer o poeta e suas motivações o ajudou a compreender o verdadeiro significado.

O filósofo Alfred North Whitehead defende uma questão semelhante quando discute o problema de pensar em tirar as palavras de seu contexto. Ele escreve: "Tenho sofrido bastante com escritores que citaram esta ou aquela frase minha, seja fora de seu contexto, seja em justaposição a algum assunto incongruente, que distorceu totalmente ou destruiu por completo o significado original".[16] Tanto as palavras quanto as ideias de um teólogo devem ser entendidas dentro de seu contexto.

As respostas às questões de contexto ajudam a nos contar a história de fundo de uma obra teológica. As perguntas, porém, não devem parar aí. Devemos fazer essas perguntas também a nós mesmos. Ao fazê-las, podemos começar a identificar as lentes pelas quais naturalmente vemos as obras teológicas que lemos, bem como o mundo em que vivemos. Será que nós, assim como Frost, somos céticos quanto à nossa capacidade de determinar nosso futuro por meio das simples decisões cotidianas que tomamos? Será que entendemos a *sola Scriptura* como Whiteford, ou seja, como uma heresia? Será que nós, assim como Lamoureux, olhamos para a ciência em busca de ajuda para responder às questões de nossas origens?

Como respondemos a essas perguntas depende, em grande parte, de nossa história de vida. Nosso contexto impacta não apenas como avaliamos as opiniões de outras pessoas, mas também como formamos nossos pontos de vista e vivemos nossa vida. Nem sempre estamos conscientes das lentes pelas quais vemos o mundo, mas elas ainda estão lá. Como Alfred Whitehead disse com razão: "Um filósofo de estatura imponente não pensa fora de um contexto. Até mesmo suas ideias mais abstratas são, em certa medida, condicionadas pelo que é ou não conhecido na época em que ele vive".[17] Quanto mais isso não poderia ser dito de nós mesmos, não é? Somos influenciados por nossa cultura, fé, personalidade, criação, experiências e educação. Quanto mais cedo nos tornarmos cientes dessas influências, mais cedo poderemos

---

16 Alfred North Whitehead. *Dialogues of Alfred North Whitehead* (1956; reimpr., Boston: Godine, 2001), p. 225.

17 Whitehead, *Dialogues of Alfred North Whitehead*, p. 225.

começar a escolher aquilo que permitiremos que molde nossa vida. Ler bem teologia é algo que pode nos ajudar a ficar mais conscientes e, segundo esperamos, nos ajudar também a corrigir alguns dos preconceitos infundados que talvez tenhamos.

Questões para discussão e reflexão

1. O famoso filósofo do processo Alfred North Whitehead escreveu: "Tenho sofrido bastante com escritores que citaram esta ou aquela frase minha, seja fora de seu contexto, seja em justaposição a algum assunto incongruente, que distorceu totalmente ou destruiu por completo o significado original". Dê um exemplo de sua própria vida de quando interpretou mal outra pessoa ou foi mal interpretado por algo que foi tirado de contexto.

2. O texto de 2Coríntios 4:18 (NIV) afirma: "Assim, fixamos nossos olhos não no que se vê, mas no que não se vê, uma vez que o que se vê é temporário, mas o que não se vê é eterno". Essa passagem nos incentiva a evitar fixar a mente em nossas aflições e provações temporárias e, em vez disso, a contemplar nossa glória futura no céu. Quais coisas "que se veem" moldam sua visão de mundo atual (ou as lentes pelas quais você vê a realidade)? Quais coisas "que não se veem" devem moldar sua visão de mundo? Em termos práticos, como sua visão de mundo atual pode impactar o modo como você escuta os textos teológicos e responde a eles? E o modo como você escuta Deus e lhe responde?

3. Leia o famoso poema de Robert Frost, "The road not taken" [A estrada não escolhida].

Duas estradas se dividiam em uma floresta outonal,
E, lamento, não pude tomar ambas,
Sendo eu um só viajante, muito tempo fiquei parado,
Olhando o mais longe que podia alcançar,
Até o ponto em que ela fazia uma curva na vegetação rasteira;

Então, escolhi a outra, tão justa e boa quanto,
Tendo, talvez, o melhor apelo,

Pois era bem gramada e convidativa ao uso;

Embora, quanto a isso, a passagem por lá

De fato as teria deteriorado quase por igual.

E ambas, naquela manhã, lado a lado se estendiam

Em folhas que nenhum pé ainda pisoteara.

Ó, deixei a primeira para outro dia!

No entanto, sabendo como um caminho leva a outro,

Eu duvidava se algum dia conseguiria voltar.

Devo contar isso com um suspiro

Em algum lugar, anos e anos depois:

Duas estradas se dividiam em uma floresta, e eu –

Bem, eu tomei a menos trilhada,

E isso fez toda a diferença.[18]

Quais valores culturais ocidentais da atualidade condicionam o modo como esse poema é comumente entendido?

Que diferença faz em sua compreensão do poema conhecer a história de fundo, ou seja, o fato de que esse poema foi escrito como uma brincadeira, na qual Frost zombava da indecisão e do arrependimento de seu amigo Edward Thomas depois de escolher um entre dois caminhos possíveis?

4. Identifique seus pressupostos respondendo às seguintes perguntas:

- O que é autoritativo?
- O que é a realidade?
- Quem é Deus?
- Quem somos e de onde viemos?
- Qual é o problema que precisa ser resolvido?
- Qual é o remédio ou a solução?

---

18 Robert Frost. "The road not taken". Disponível: www.poetryfoundation.org/poems/44272/the-road-not-taken.

5. Como essas respostas informam sua maneira de responder às seguintes perguntas?

- Qual papel você tem na determinação do seu futuro?

- Quão autoritativa é a Bíblia? E a igreja?

- Qual é o papel da ciência em ajudar a responder às perguntas sobre nossa origem?

Adote a prática de identificar o contexto

Como o contexto condiciona o significado de uma obra teológica?

1. Escolha outro autor do livro *Four views on the historical Adam* ou um texto teológico que você esteja lendo no momento e responda às seguintes perguntas:

- Qual é o contexto específico da obra? Qual é o cenário social, político e religioso específico?

- Por que o teólogo escreveu essa obra? Quais são as motivações e objetivos explícitos e implícitos do teólogo?

- Qual é a formação do teólogo? Qual é sua origem religiosa/denominacional, sua formação educacional, sua origem étnica, sua posição sociopolítica?

- Qual é o papel do teólogo? Seu papel é de narrador, pastor, cientista, filósofo, professor, mentor espiritual, apologista ou historiador?

- Quais são os pressupostos do teólogo? Quais são as perspectivas do teólogo sobre:
  - O que é autoritativo?
  - O que é a realidade?

78 COMO LER TEOLOGIA

- Quem é Deus?
- Quem somos e de onde viemos?
- Qual é o problema que precisa ser resolvido?
- Qual é o remédio ou a solução?

2. Como as informações anteriormente fornecidas ajudam você a discernir o significado do texto teológico?

CAPÍTULO 5

DISCERNINDO O ARCABOUÇO TEOLÓGICO: COMO IDENTIFICAR O TEMA DA OBRA E A MANEIRA COMO ELE É COMUNICADO

Se um livro é fácil e se encaixa com perfeição em todas as suas convenções de linguagem e formas de pensamento, então você provavelmente não crescerá muito ao lê-lo. Ele pode até ser agradável, mas não amplia a sua compreensão. São os livros difíceis que contam. Juntar folhas secas é fácil, mas tudo o que você consegue são folhas; escavar é difícil, mas você pode encontrar diamantes.

Mortimer j. Adler, *Como ler livros*

E deu apóstolos, profetas, evangelistas, pastores e mestres, para capacitar os santos para a obra do ministério, para edificar o corpo de Cristo, até que todos alcancemos a unidade da fé e do conhecimento do Filho de Deus [...] para que não sejamos mais crianças, jogados de um lado para o outro pelas ondas [...] Antes, dizendo a verdade em amor, cresçamos em todos os sentidos naquele que é a cabeça, em Cristo, de quem todo o corpo, unido e mantido por cada junta com a qual está equipado, quando cada parte está trabalhando propriamente, faz o corpo crescer de modo a edificar-se em amor.

Efésios 4:11-16

80 COMO LER TEOLOGIA

Do que é feita a boa arte? Temos boa arte quando uma obra segue certos princípios de *design*? Quando é bela? Quando retrata algo com precisão? Quando impacta nossa visão de mundo? Quando provoca uma reação emocional? Digamos, por exemplo, que lhe perguntem sua opinião sobre o famoso quadro de Pablo Picasso, *Garota em frente ao espelho*. Como você o avaliaria? Com suas cores intensas, grossos traços pretos e pano de fundo tumultuado, essa pintura bidimensional de Marie-Thérèse Walter olhando para um espelho a princípio não é considerada bonita pela maioria das pessoas.

Para realmente apreciar a obra-prima de Picasso, é proveitoso entender sua abordagem artística. Embora treinado como um realista, Picasso desenvolveu o cubismo para desafiar a noção de que a arte é apenas um ato de imitação, e não de criatividade. Com o cubismo, ele abandonou a perspectiva objetiva por uma perspectiva altamente simbólica, desafiadora e multifacetada. A representação cubista de Marie-Thérèse Walter por Picasso é radicalmente diferente, como de fato deveria ser, dos desenhos e esculturas realistas que ele fez dela. A obra cubista demanda uma reação emocional. Ao contemplar essa pintura, o observador bem treinado tem a oportunidade de se debater com temas como beleza, fertilidade, envelhecimento, autoimagem e vaidade.

Da mesma forma que Picasso usa a pintura como meio e o cubismo como estilo na obra *Garota em frente ao espelho* para comunicar uma mensagem, um teólogo usa um tipo de obra e determinada abordagem para expressar sua visão teológica. Assim como um artista pode pintar, desenhar ou esculpir, um teólogo pode escrever uma polêmica, uma obra sistemática ou um sermão sobre temas variados. Assim como um pintor pode usar o realismo, o impressionismo ou o cubismo, um teólogo pode usar uma abordagem histórica, racional ou experiencial. Conhecer o tema e a estrutura de uma obra teológica pode ajudar a desvendar os pressupostos, os objetivos e o significado do texto. Para desvendá-los, o leitor deve procurar descobrir o seguinte:

- Qual é o assunto da obra?

- Que tipo de teólogo é o autor?

- Que tipo de obra teológica é esta?

- Que método teológico é empregado pelo teólogo?

A primeira pergunta aborda a questão *do que* a obra trata, e as demais perguntas abordam *como* o assunto da obra é comunicado.

Abordando a questão: *o que*

Que assunto principal é abordado pela obra?

Os teólogos tratam de diversos assuntos, muitas vezes até na mesma obra. Tradicionalmente, os principais assuntos da teologia são os seguintes:

- Método da teologia (Prolegômenos): Essa área abrange todos os assuntos introdutórios da teologia. Consiste na natureza e na tarefa da teologia, em questões de como se faz teologia (metodologia), como conhecemos (epistemologia) e quais são as fontes da teologia.

- Revelação: Essa doutrina trata de como Deus revela sua natureza, vontade e verdade. Consiste na natureza e no propósito da revelação geral e especial, na preservação da revelação e na confiabilidade da Palavra de Deus.

- Deus (Teologia Própria): Teologia própria, ou teologia propriamente dita, é o estudo de Deus. Trata da existência e do conhecimento de Deus, da natureza de Deus, de sua obra e da Trindade.

- Cristo (Cristologia): A doutrina de Cristo trata da natureza e da obra de Jesus Cristo.

- Espírito Santo (Pneumatologia): A doutrina do Espírito Santo trata da pessoa e da obra do Espírito Santo.

- Criação: A doutrina da criação trata da criação do mundo e do cosmo, da relação de Deus com a criação, do estado da criação original, do sábado, do impacto da Queda na criação, dos anjos e do cuidado da criação.

- Humanidade (Antropologia): A doutrina da humanidade é com frequência vista como um subtópico da doutrina da criação. Trata da origem da humanidade, da imagem de Deus na humanidade, de gênero, da natureza constitutiva do ser humano e do propósito da vida.

- A Queda/O pecado (Hamartiologia): A doutrina da Queda e do pecado é em geral vista como um subtópico da antropologia. Abrange a doutrina do mal, a compreensão da Queda, as consequências da Queda, a natureza e a fonte do pecado, a relação da humanidade com Adão, os resultados do pecado e suas dimensões individual e social.

82   COMO LER TEOLOGIA

- Salvação (Soteriologia): A doutrina da salvação abrange o plano de salvação de Deus, a provisão divina de redenção na história, a aplicação da salvação ao indivíduo por parte de Deus e a consumação da salvação por Deus.

- A igreja (Eclesiologia): A doutrina da igreja abrange a natureza da igreja, seu propósito, o poder da igreja, seu papel e governo, as ordenanças (sacramentos) da igreja (incluindo o batismo e a Ceia do Senhor), e adoração na igreja.

- A vida cristã: A doutrina da vida cristã trata de tópicos como discipulado, obediência, santidade, santificação, perseverança, e virtudes e ética cristãs.

- O futuro (Escatologia): A doutrina do futuro trata de morte, segunda vinda de Cristo, perspectivas sobre o milênio e a tribulação, juízo final e castigo eterno, e o novo céu e a nova terra.

A escolha dos tópicos e a ordem em que são discutidos podem impactar as conclusões de um teólogo. Por exemplo, sob que tópico geral um teólogo discute a presciência de Deus? O teólogo a explica sob a doutrina da criação, como faz Greg Boyd, ou sob a doutrina de Deus, como faz John Piper?[1] Se o teólogo a discute sob a doutrina da criação ou sob a antropologia, então, geralmente o foco estará na compatibilidade da presciência de Deus com a liberdade humana. Se o teólogo a discute sob a doutrina de Deus, o foco estará no caráter soberano de Deus.

Também é essencial ler nas entrelinhas quando examinamos o tema de uma obra teológica. Pode ser tão importante estar ciente do que *não* é abrangido por uma obra quanto do que está incluído nela. Por exemplo, quando alguém examina o tratamento que Adolf von Harnack deu a Cristo, em sua obra *O que é cristianismo?*, é essencial observar que uma discussão sobre a divindade de Cristo está visivelmente faltando. Pode haver uma série de razões pelas quais um autor se concentra na humanidade e não na divindade de Cristo. Pode ser que ele trate da divindade de Cristo em outro livro; que ele esteja lidando com uma passagem em particular, cujo foco é a humanidade de Cristo; que ele veja a necessidade de o público reconhecer a humanidade plena de Cristo;

---

1   Beilby; Eddy (org.), *Divine foreknowledge: four views*, p. 13-4; John Piper, *Beyond the bounds: open theism and the undermining of biblical Christianity* (Wheaton: Crossway, 2003).

ou que ele não acredite na divindade de Cristo. Notar a ausência de um tópico esperado pode ser uma informação vital.

Abordando a questão: *como*

Que método o teólogo usa para abordar o assunto?

Os teólogos usam vários métodos para comunicar sua teologia. Para entender mais plenamente *o que* eles estão comunicando, é essencial entender *como* estão comunicando. Para começar a reconhecer a importância que o modo de se comunicar pode ter na compreensão de uma obra teológica, basta pensar no impacto que técnicas literárias como o sarcasmo, por exemplo, podem ter sobre o significado de um texto. Como devemos entender, por exemplo, o texto de Êxodo 14:11, que diz: "Foi por falta de túmulos no Egito que nos levaste para morrermos no deserto? O que fizeste conosco ao nos tirar do Egito?" Os israelitas estão realmente perguntando se Moisés os tirou do Egito porque não havia lugar para enterrá-los lá, ou eles estão murmurando contra Moisés? Gêneros teológicos, da mesma maneira que técnicas literárias como o sarcasmo, podem impactar significativamente a comunicação do conhecimento teológico.

A capacidade de identificar abordagens teológicas aumenta à medida que nos tornamos mais conscientes das lentes ou da orientação do teólogo e de *como* ele apresenta suas ideias. A percepção pode começar antes mesmo de se iniciar a leitura de um texto, simplesmente olhando as informações fornecidas pelo editor, pelo teólogo ou por fontes externas. Às vezes, os teólogos declaram explicitamente sua orientação teológica; outras vezes, eles a comunicarão implicitamente.

Identificar os gêneros teológicos pode ajudar o leitor a obter um conhecimento mais profundo das convicções de um teólogo. Essa etapa, entretanto, pode ser uma das tarefas mais desafiadoras de quem lê teologia como se deve ler, em parte porque a maioria dos leitores não está muito familiarizada com os diferentes tipos de teologia, e menos ainda com as várias abordagens teológicas que um autor pode empregar. Além disso, muitos teólogos não aderem necessariamente a apenas um arcabouço teológico. Ao averiguar a abordagem do teólogo, o leitor deve procurar discernir três coisas: o tipo de teólogo, o tipo de obra e a abordagem teológica, que inclui a estrutura, o arcabouço e as fontes. A última delas será abordada no próximo capítulo.

84 COMO LER TEOLOGIA

Que tipo de teólogo é o autor?

A maioria dos teólogos se especializa em um tipo particular de teologia e escreve a partir de uma perspectiva específica. O autor pode escrever a partir das posições de narrador, pastor, cientista, filósofo, professor, mentor espiritual, apologista, historiador ou de alguém que tenha uma perspectiva racial, social ou de gênero. Evidentemente, você encontrará alguns teólogos que se enquadram em várias dessas categorias, como Jonathan Edwards, que escreveu como pastor, teólogo, filósofo, cientista, eticista, poeta e escritor devocional. É útil, no entanto, compreender algumas das categorias mais amplas em que os teólogos podem se enquadrar. A seguir estão apenas algumas:

Teólogo bíblico: procura descobrir o que os autores bíblicos, como João ou Paulo, sob a orientação divina, creram, descreveram e ensinaram no contexto de seu ambiente histórico. Esse é primordialmente um tipo descritivo de teologia.
Exemplos: Geerhardus Vos, D. A. Carson, N. T. Wright

Teólogo sistemático: procura expressar, em construtos unificados, o ensino bíblico sobre tópicos teológicos, como a doutrina de Cristo, a antropologia ou a Trindade.
Exemplos: João Calvino, Karl Barth, Millard Erickson

Teólogo histórico: investiga o desenvolvimento do pensamento cristão ao longo da história da igreja.
Exemplos: Jaroslav Pelikan, Louis Berkhof, Alister McGrath

Teólogo prático: concentra-se na aplicação prática das verdades bíblicas à vida moderna.
Exemplos: Richard Baxter, Charles Spurgeon, Ray S. Anderson

Teólogo moral/eticista cristão: examina a relação entre a Bíblia e situações, problemas e necessidades da vida real, incluindo tópicos como ética médica e sexual.
Exemplos: Agostinho, Stanley Hauerwas, Oliver O'Donovan

Teólogo filosófico: faz uso da reflexão, linguagem e métodos filosóficos com o objetivo de alcançar uma compreensão teórica da natureza e do caráter de Deus, bem como da relação de Deus com o mundo.
Exemplos: Tomás de Aquino, Paul Tillich, Alvin Plantinga

Teólogo ideológico: explora a relação entre a teologia cristã e determinadas ideologias, vendo a teologia a partir de uma perspectiva

específica, geralmente a dos oprimidos. Essa abordagem geralmente enfatiza a necessidade de defender a justiça social, os direitos humanos e de ver Jesus como Salvador e Libertador. Essa categoria inclui teólogos da libertação, negros e feministas.
Exemplos: Gustavo Gutiérrez, James Cone, Dorothee Sölle

Apologista: defende a fé cristã por meio de discurso sistemático, argumentativo ou pragmático.
Exemplos: Justino Mártir, C. S. Lewis, William Lane Craig

Que tipo de obra teológica é esta?

Não só existem muitos tipos de teólogos, mas também muitos gêneros de obras teológicas. Assim como podemos classificar um livro como ficção ou não ficção, prático ou teórico, acadêmico ou popular, adulto ou infantil, a maioria das obras teológicas pode ser classificada. Um autor pode articular sua teologia por meio de alguns dos seguintes gêneros:

Sermão/preleção: uma peça de oratória que expõe passagens bíblicas ou tópicos teológicos.
Exemplo: *Death of evil upon the seashore*, sermão de Martin Luther King Jr.

Tratado/ensaio teológico: uma exposição ou argumentação que trata de um tópico teológico em profundidade e investiga seus princípios.
Exemplo: *A treatise concerning religious affections*,[2] de Jonathan Edwards

Polêmica: uma argumentação teológica que aborda um tópico importante e controverso, em geral escrita como ataque ou defesa em relação a uma crença.
Exemplo: *The Babylonian captivity*,[3] de Martinho Lutero

Dialética/resposta: uma análise teológica que inclui um diálogo com uma ideia ou obra teológica, ou uma resposta a elas. Pode ser escrita em formato de perguntas e respostas ou de diálogo. Os escolásticos medievais e os teólogos neo-ortodoxos costumavam usar esse gênero.
Exemplo: *Why God became man*,[4] de Anselmo

---

2 No Brasil: *Afeições religiosas* (São Paulo: Vida Nova, 2018).

3 No Brasil: *Do cativeiro babilônico da igreja* (São Paulo: Martin Claret, 2006).

4 No Brasil: *Por que Deus se fez homem* (Barueri: Novo Século, 2003).

Credo/Confissão: uma declaração formal dos principais artigos de fé de uma igreja ou grupo religioso.
Exemplo: *Credo Apostólico*

Catecismo: uma síntese dos princípios da fé em formato de perguntas e respostas, que são usadas para a instrução dos cristãos.
Exemplo: *Catecismo de Heidelberg*

Comentário: uma série sistemática de explicações sobre o contexto e o significado de passagens bíblicas, normalmente organizadas por livro, capítulo e versículo.
Exemplo: *Epistle to the Romans*,[5] de Karl Barth

Obra teológica de referência: obras de referência incluem enciclopédias e dicionários teológicos, bem como bíblias de estudo. As entradas ou notas de referência são frequentemente de natureza teológica.
Exemplos: *New dictionary of theology*,[6] de David Wright, Sinclair Ferguson e J. I. Packer (organizadores); *Scofield Study Bible*[7] (inclui interpretações dispensacionalistas das Escrituras)

Teologia sistemática: um estudo sistemático do que a Bíblia ensina sobre vários tópicos das Escrituras.
Exemplo: *Institutas da religião cristã*,[8] de João Calvino

Sátira: uma obra que expõe vícios e loucuras, a fim de expô-los, ridicularizá-los ou desacreditá-los.
Exemplo: *In praise of Folly*,[9] de Erasmo de Roterdã

História/romance/alegoria/peça: peça literária escrita para ilustrar verdades bíblicas ou experiências da cristãs.
Exemplo: *The pilgrim's progress*,[10] de John Bunyan

Poesia: uso de linguagem figurada para transmitir verdades bíblicas ou experiências da vida cristã.
Exemplo: As obras *Paraíso perdido*[11] e *Paraíso reconquistado*,[12] de John Milton

---

5   No Brasil: *Carta aos Romanos* (São Paulo: Templus Editorial, 2017).

6   No Brasil: *Novo dicionário de teologia* (São Paulo: Hagnus, 2020).

7   No Brasil: *Bíblia de estudo Scofield* (São Paulo: Vento Sul, 2015).

8   No Brasil: *Institutas da religião cristã* (São Paulo: Cultura Cristã, 2019).

9   No Brasil: *Elogio da loucura* (São Paulo: Martin Claret, 2012).

10   No Brasil: *O peregrino* (São Paulo: Martin Claret, 2020).

11   No Brasil: *Paraíso perdido* (Editora 34, 2016).

12   No Brasil: *Paraíso reconquistado* (São Paulo: Editora de Cultura, 2014).

Hino/oração: uma canção ou oração escrita para adorar a Deus.
Exemplo: *Doxology*, de Thomas Ken

Autobiografia/biografia/memórias: uma história inspiradora sobre a vida de um cristão.
Exemplo: *Confessions*,[13] de Agostinho

Obra apologética: obra teológica escrita em defesa da fé cristã.
Exemplo: *First apology*,[14] de Justino Mártir

Obra mística: descrição de um conhecimento experiencial de Deus, que muitas vezes inclui visões extáticas de Deus e descrições da união da alma com Deus.
Exemplo: *Revelações do amor divino*,[15] de Juliana de Norwich

Obra devocional: literatura cristã escrita para formação espiritual.
Exemplo: *The pursuit of God*,[16] de A. W. Tozer

Enquanto alguns teólogos, como Juliana de Norwich, restringem-se a um tipo de obra, muitos outros empregam vários gêneros, dependendo *do que* e *por que* estão comunicando e de *quem* é seu público. Por exemplo, Dorothy Sayers escreveu romances, ensaios, poemas, peças de teatro e livros de natureza teológica. Enquanto *The man born to be a king*,[17] sua peça de doze atos sobre a vida de Jesus, foi transmitida pela rádio BBC para uma audiência secular, seu tratado teológico *The mind of the Maker* [A mente do Criador] é dirigido a um público cristão. Reconhecer o tipo de obra pode ajudar muito na sua interpretação. Outro exemplo é a obra *In praise of Folly*, de Erasmo de Roterdã, que pode ser facilmente mal interpretada se, não reconhecendo que se trata de uma sátira, a lermos como um tratado teológico literal.

Que método teológico o teólogo utiliza?

Um teólogo pode não só empregar um tipo particular de teologia, gênero literário ou tópico, mas também pode utilizar uma metodologia teológica específica. Assim como os artistas podem fazer uso de estilos

---

13 No Brasil: *Confissões* (São Paulo: Paulus, 2002).

14 No Brasil: Justino de Roma. *I e II Apologias. Diálogo com Trifão* (São Paulo: Paulus, 2018).

15 No Brasil: *Revelações do amor divino* (São Paulo: Vozes, 2018).

16 No Brasil: *Em busca de Deus* (São Paulo: Vida, 2017).

17 No Brasil: *O homem que nasceu para ser rei* (Rio de Janeiro: Thomas Nelson Brasil, 2021).

diferentes, como o realismo, o impressionismo ou o cubismo, os teólogos podem usar diferentes arcabouços teológicos para transmitir suas ideias. Na área da interpretação bíblica, existem muitos métodos, que vão desde os muito literais até os muito metafóricos ou mesmo práticos.[18] Os teólogos, como estudiosos da Bíblia, também abordam a teologia de maneira particular. É essencial compreender *como* um teólogo aborda a teologia. Existem livros inteiros dedicados a explicar métodos teológicos. Esses livros procuram categorizar as metodologias por seus pontos de partida, fundamento, ideologia ou pela estrutura formal das obras.[19] Todas essas abordagens têm algum mérito.

É digno de nota, entretanto, que as obras teológicas raramente seguem métodos estritos, como a investigação científica ou mesmo métodos de interpretação bíblica. Isso vale particularmente para obras históricas, nas quais as preocupações metodológicas tendem a ser mais implícitas do que explícitas. No século passado, no entanto, com o surgimento da abordagem científica moderna, os teólogos se tornaram

---

18 Alguns dos métodos de interpretação bíblica são: literal, alegórico, da fonte, tradicional--histórico, da forma, da redação, sociocientífico, canônico, retórico, estrutural, narrativo, estética da recepção, pós-estruturalista e feminista. Compreender os métodos de interpretação bíblica pode ser uma tarefa descomunal, mesmo para teólogos. Essa lista não pretende ser exaustiva ou suficiente para explicar todas as abordagens interpretativas. Descrições e exemplos adicionais das várias abordagens metodológicas da interpretação bíblica podem ser encontrados em William W. Klein, Craig Blomberg, Robert L. Hubbard; Kermit Allen Ecklebarger, *Introduction to biblical interpretation*, 3. ed. (Dallas: Word, 2017); Stephen R. Haynes; Steven L. McKenzie, *To each its own meaning*, ed. rev. (Louisville: Westminster John Knox, 1999); e Stanley E. Porter; Beth M. Stovell (orgs.). *Biblical hermeneutics: five views* (Downers Grove: IVP Academic, 2012). A crítica histórica pode ser subdividida em várias metodologias, como: crítica canônica, crítica da forma, crítica da redação, crítica das fontes, crítica das tradições, e assim por diante (Richard N. Soulen, *Handbook of biblical criticism* [Atlanta: Knox, 1981], p. 79). Com o propósito de apresentar o leitor às metodologias, no entanto, defendo o uso de uma lista simplificada, que ajude você a começar a reconhecer o uso de diferentes abordagens interpretativas e como elas auxiliam a entender a perspectiva do autor.

19 Existem muitos recursos úteis para ajudar a compreender as abordagens teológicas. A obra de Bernard Lonergan, *Method in theology* (Toronto: University of Toronto Press, 1971. No Brasil: *Método em teologia* [São Paulo: É Realizações, 2013]) ajuda a compreender a incrível variedade de métodos teológicos. Um panorama mais breve e prático de como os teólogos historicamente falaram sobre Deus está disponível em *Theological method: a guide for the perplexed*, de Paul L. Allen (London: T&T Clark, 2012). Uma obra que pode ajudar a entender as metodologias ideológicas atuais é a de Mary M. Veeneman, *Introducing theological method: a survey of contemporary theologians and approaches* (Grand Rapids: Baker Academic, 2017). Uma obra importante sobre a relação entre filosofia e teologia é a *Philosophy for understanding theology*, de Diogenes Allen (Louisville: Westminster John Knox, 1985. No Brasil: *Filosofia para entender teologia* [São Paulo: Paulus, 2010]).

muito mais atentos e explícitos quanto a seu método teológico. Hoje é lugar-comum que teólogos reconheçam a base de seus pontos de vista, seu objetivo e até mesmo a maneira como comunicam sua teologia. O foco aqui é dar uma visão geral de *como* vários teólogos podem buscar a verdade, reconhecendo que essas categorias não são exaustivas e não conseguem explicar todos os teólogos. A seguir estão alguns dos métodos possíveis:

Método proposicional/racionalista proposicional: a busca da verdade pela descoberta do sentido pretendido pelo teólogo no texto. A tarefa é reunir dados bíblicos e formular princípios teológicos a partir das informações coletadas.[20] A Escritura é geralmente vista como o fundamento para a teologia, podendo ser acessada e interpretada pela razão. O evangelicalismo conservador e o fundamentalismo são muitas vezes associados com esse método.
Exemplo: *God, revelation, and authority*,[21] de Carl Henry

Método experiencial/experimental: a busca da verdade pela interação imediata da alma com Deus ou pela consciência religiosa natural. Sentimentos religiosos, intuição ou experiências racionais do indivíduo são vistas como fonte normativa de verdade, e não apenas a Bíblia. Essa abordagem presume que a verdade pode ser descoberta na esfera da experiência humana. O liberalismo protestante e o misticismo podem ser colocados nessa categoria.
Exemplo: *The Christian faith*, Friedrich Schleiermacher

Método sistemático: a busca da verdade pela fé e razão humana. Procura desenvolver um sistema logicamente coerente e racionalmente justificável, a partir daquilo que a Bíblia ensina a respeito de dado tema. A escolástica medieval e a protestante podem ser situadas nessa categoria.
Exemplo: *Institutes of elenctic theology*,[22] François Turretini

Método histórico: a busca da verdade pela compreensão do mundo por trás do texto. Presume-se que a análise histórica é necessária para entender o passado e revelar a verdadeira mensagem da Escritura.

---

20 Veja Stanley Porter; Steven M. Studebaker (orgs.). *Evangelical theological method: five views* (Downers Grove: IVP Academic, 2018), p. 8.

21 No Brasil: *Deus, revelação e autoridade* (São Paulo: Hagnos, 2016; 2017). 2 vols.

22 No Brasil: *Compêndio de teologia apologética* (São Paulo: Cultura Cristã, 2011). 3 vols.

Alguns teólogos liberais podem ser colocados nessa categoria.
Exemplo: History of dogma, Adolf von Harnack

Método praxiológico (da *práxis*):[23] a busca da verdade a partir da visão da realidade atual como fundamental. A interpretação começa e termina com a realidade social corrente. Essa abordagem está muitas vezes comprometida com a luta por justiça, e preocupações práticas moldam sua leitura e interpretação da Escritura. As teologias da libertação, feminista, negra, *mujerista* e da mulher se encaixam nessa categoria.
Exemplo: Aquela que é: o mistério de Deus no trabalho teológico feminino,[24] de Elizabeth A. Johnson

Método neo-ortodoxo: a busca da verdade pelo encontro de Deus na Palavra. Em contraste com o proposicionalismo (que prioriza a Bíblia) e com o experiencialismo (que prioriza a razão/experiência), enfatiza a própria revelação de Deus como o fundamento das crenças cristãs. A Bíblia é considerada um instrumento que testemunha a verdadeira Palavra de Deus – Jesus Cristo. Esse método muitas vezes procura encontrar verdades em oposições e paradoxos.
Exemplo: Dogmática eclesiástica, Karl Barth

Método pós-liberal/narrativo: a busca da verdade utilizando um método linguístico-cultural para a teologia. As doutrinas são vistas como moldando e fornecendo a estrutura para a experiência religiosa individual. Enfatiza a autoridade da pessoa de Cristo e das narrativas bíblicas sobre a veracidade histórica ou inerrância da Escritura. O foco está sobre as crenças e práticas da comunidade cristã.
Exemplo: The nature of doctrine, George Lindbeck

Método pós-conservador: a busca da verdade que vai além da teologia proposicional, embora ainda centralizando a teologia na Bíblia. Muitas vezes difere crítica e construtivamente da doutrina tradicional e ortodoxa.
Exemplo: Theology for the community of God, Stanley Grenz

Método correlacional: a busca da verdade é feita descobrindo-se a correlação entre a revelação cristã e a compreensão contemporânea da existência humana. A revelação deve falar e dar sentido à situação presente.

---

23 Daniel Migloire usa esse termo para explicar a abordagem em *Faith seeking understanding: an introduction to Christian theology* (Grand Rapids: Eerdmans, 2014), p. 17.

24 São Paulo: Vozes, 1995.

DISCERNINDO O ARCABOUÇO TEOLÓGICO 91

A teologia revisionista, que busca reformular as alegações de verdade de acordo com a correlação entre textos cristãos e a experiência humana, se enquadraria nesta categoria.

Exemplo: *Systematic theology*,[25] Paul Tillich

As categorias acima têm por objetivo fornecer um panorama de como os teólogos podem buscar o conhecimento de Deus e da relação da criação com Deus. Na melhor das hipóteses, entretanto, essas categorias devem ser vistas como abordagens, atitudes ou orientações, e não como metodologias estritas. Deve-se estar ciente de que as discussões sobre o método teológico frequentemente se concentram nas questões do "quê" e do "porquê" da teologia, e não na questão prática de "como" fazer teologia.

Juntando tudo: um exemplo de como discernir arcabouços teológicos

A obra de Jonathan Edwards, teólogo norte-americano do século 18, oferece um exemplo convincente da importância de compreender o arcabouço teológico de um autor. Dependendo de quais de suas obras você ler, pode acabar com uma compreensão bastante diferente de sua teologia. Por exemplo, se lesse *Freedom of the will* ou *Sinners in the hands of an angry God*,[26] ambas escritas por Edwards, ficaria com uma impressão muito diferente como leitor do que se lesse sua obra *Personal narrative* [Narrativa pessoal]. Embora todas essas obras cubram temas semelhantes, relacionados à natureza humana, depravação, vontade de Deus e graça soberana, Edwards emprega diferentes gêneros teológicos para criticar a doutrina do livre-arbítrio, para promover o avivamento e para compartilhar sua compreensão pessoal da graça. Uma das obras é um tratado teológico; a outra, um sermão; e a última delas, uma obra autobiográfica espiritual. Um dos textos emprega basicamente uma abordagem racional e filosófica; o outro, uma abordagem proposicional e narrativa; e o último, uma abordagem mais experiencial.

Cada texto de Edwards serve a um mesmo objetivo abrangente de comunicar verdades sobre a depravação humana, a soberania e a graça de Deus; cada um deles, porém, foi concebido para públicos e contextos diferentes. *Freedom of the will* foi escrito para um público

---

25 No Brasil: *Teologia sistemática* (São Leopoldo: Sinodal, 2005).

26 No Brasil: *Pecadores nas mãos de um Deus irado* (São Paulo: CPAD, 2005).

acadêmico com o intuito de refutar o arminianismo. *Pecadores nas mãos de um Deus irado* foi escrito durante o Grande Avivamento com o intuito de promover renovação espiritual. Edwards escreveu sua obra *Personal Narrative* para outros cristãos, a fim de narrar sua conversão e encorajá-los em sua fé. Se o uso que ele faz de diferentes gêneros teológicos for ignorado, podemos interpretar mal Edwards, e vê-lo estritamente como um filósofo determinista, um pregador do fogo do inferno ou um místico religioso.

Conclusão

Discernir arcabouços teológicos é essencial para compreender por inteiro a perspectiva de um teólogo. Ler obras que cobrem temas complexos e são escritas com uma abordagem ou em um estilo que desconhecemos exige esforço e perseverança. Como Mortimer Adler corretamente aponta, no entanto, "Se um livro é fácil e se encaixa com perfeição em todas as suas convenções de linguagem e formas de pensamento, então você provavelmente não crescerá muito ao lê-lo. Ele pode até ser agradável, mas não amplia a sua compreensão". Ele insiste que "São os livros difíceis que contam. Juntar folhas secas é fácil, mas tudo o que você consegue são folhas; escavar é difícil, mas você pode encontrar diamantes".[27]

Precisamos estar dispostos a fazer o trabalho árduo de escavar as obras teológicas complexas, se quisermos encontrar nelas os diamantes da verdade de Deus. Assim como compreender a abordagem cubista de Picasso nos permite entender e apreciar a obra *Garota em frente ao espelho*, familiarizar-nos com o arcabouço utilizado por um teólogo nos ajudará a compreender sua obra e encontrar os diamantes dentro dela. Essa percepção começa antes mesmo de iniciarmos a leitura; começa quando olhamos as informações fornecidas pela editora, pelo autor ou mesmo por fontes externas. E prossegue com a leitura do texto e das notas de rodapé e de final de texto. Identificar o arcabouço teológico, seja ele explícito ou implícito, ajudará o leitor a chegar a um conhecimento mais profundo das convicções de um teólogo.

---

27 Mortimer J. Adler; Charles Van Doren. *How to read a book: the classic guide to intelligent reading*. ed. rev. (New York: Simon & Schuster, 1972), p. 339.

Questões para discussão e reflexão

1. Pablo Picasso retrata Marie-Thérèse Walter em muitas de suas obras. Compare a obra *Garota em frente ao espelho* com um de seus esboços de Marie-Thérèse. Como as abordagens cubista e realista impactam a maneira como ele a retrata? E como impactam a mensagem comunicada? Como a maneira pela qual um teólogo expressa suas ideias pode afetar sua mensagem? Dê um exemplo.

2. Teólogos podem comunicar uma miríade de tópicos, até mesmo na mesma obra. Se você fosse convidado a dar aulas por quatro semanas, na escola dominical, para uma classe de crianças que estão cursando o Ensino Fundamental, a fim de tratar dos fundamentos da fé, que tópicos incluiria? Em que ordem você os discutiria? Como os tópicos e a ordem que você escolheu afetam seus objetivos?

3. Jonathan Edwards foi descrito basicamente como um puritano inflamado que pregou o famoso sermão *Pecadores nas mãos de um Deus irado* durante o Grande Avivamento. Ele também foi um dos primeiros presidentes da Universidade de Princeton e ficou bem conhecido, ainda em vida, por seus tratados filosóficos e teológicos. De que modo você classificaria Edwards como teólogo, e por quê? Como a classificação impacta nossa visão da teologia de Edwards?

4. Os teólogos podem articular sua teologia de muitas maneiras diferentes. Erasmo de Roterdã, um humanista cristão com formação clássica, utiliza a sátira em sua obra *Elogio da loucura* para criticar e zombar das tradições e abusos cometidos pela Igreja Católica Romana. Escrita para seu amigo, Sir Thomas More, essa obra é considerada uma das mais importantes da Renascença, e deu uma contribuição significativa para o início da Reforma Protestante. Você acha que a sátira é um gênero apropriado para os teólogos utilizarem hoje? Quais são os prós e os contras de usar esse tipo de literatura? Que tipo de gênero é mais apropriado nos círculos acadêmicos hoje? E nas igrejas? E na cultura popular?

5. Como buscar a verdade é uma questão fundamental com a qual os teólogos se debatem? Que diferença faz se um teólogo, ao escrever sobre a vida cristã, usa uma abordagem proposicional ou experiencial? Como isso poderia impactar, de forma prática, sua visão de identidade de gênero, por exemplo?

6. Em Efésios 4:11-16, Paulo descreve muitos chamados diferentes para a capacitação dos santos para o ministério. Somos todos teólogos chamados a conhecer a Deus e a compartilhar esse conhecimento com os outros. Como teólogo, o que você vê como sua vocação? Como você responderia, se alguém lhe pedisse que descrevesse o tipo de teólogo que você é e como tenta buscar a verdade?

7. Mortimer Adler insiste em dizer: "Se um livro é fácil e se encaixa com perfeição em todas as suas convenções de linguagem e formas de pensamento, então você provavelmente não crescerá muito ao lê-lo. Ele pode até ser agradável, mas não amplia a sua compreensão. São os livros difíceis que contam. Juntar folhas secas é fácil, mas tudo o que você consegue são folhas; escavar é difícil, mas você pode encontrar diamantes". Dê um exemplo de uma obra teológica que foi difícil de entender, mas de cuja leitura você se beneficiou.

Adote a prática de discernir arcabouços teológicos

Qual é o tema da obra teológica e como ele é transmitido?

1. Analise brevemente uma obra teológica e responda às seguintes perguntas:

   Tratando da questão *O que*:

   - Qual é o assunto da obra?

   Tratando da questão *Como*:

   - Que tipo de teólogo é o autor?
   - Que tipo de obra teológica é esta?
   - Que método teológico é empregado pelo teólogo?

2. Resuma brevemente, em poucas frases, *qual* é o tema da obra e *como* ele é transmitido.

3. Como essas informações ajudam você a entender melhor o objetivo, a mensagem e o valor da obra analisada?

CAPÍTULO 6

DESCOBRINDO AS FONTES: IDENTIFICANDO OS FUNDAMENTOS DA OBRA

> *Aquele que é um bom e verdadeiro cristão deve compreender que a verdade pertence ao seu Senhor, onde quer que esta se encontre, acolhendo-a e reconhecendo-a também na literatura pagã, mas rejeitando as vaidades supersticiosas.*
>
> Agostinho de Hipona, *On Christian doctrine*[1]

> *Pois, embora conhecessem a Deus, não o honraram como Deus nem lhe deram graças, mas se tornaram fúteis em seus pensamentos, e seus corações tolos se obscureceram. Alegando ser sábios, eles se tornaram loucos e trocaram a glória do Deus imortal por imagens que se assemelham ao homem mortal, bem como a pássaros e animais e coisas rastejantes.*
>
> Romanos 1:21-23

Quais são as fontes fundamentadoras do teólogo?

"Sinto, logo existo." Esse poderia ser considerado o mantra atual da ciência e do pensamento popular, em vez de "Penso, logo existo", de René Descartes. As emoções parecem ter substituído o raciocínio filosófico

---

[1] No Brasil: *A doutrina cristã* (São Paulo: Paulus, 2002).

96   COMO LER TEOLOGIA

como fator determinante da verdade. Livros como *Descartes' error: emotion, reason, and the human brain*, do neurofisiologista Antonio Damasio, estão chamando atenção renovada para o papel crítico que as emoções desempenham na cognição e na identidade.[2]

Damasio argumenta que toda identidade humana é uma espécie de ficção, e que estamos todos em processo de autocriação, afirmando que "existe o *self* muito simples, o *self* central, algo para o qual você não precisa de memória, não precisa da linguagem – você tem apenas o sentimento de ser".[3] Qual é a fonte de nossa identidade? E da verdade? Damasio tem razão quando afirma que não existe uma verdadeira fonte da identidade humana, apenas um "sentimento de ser"? O que podemos aprender com a neurociência? E com outras fontes que não sejam a Escritura? Ao longo da história, os teólogos têm lutado com essa última questão em particular. Mais recentemente, muitos, assim como Damasio, voltaram-se para os sentimentos como fonte primária da verdade.

As fontes que os teólogos utilizam podem impactar a teologia que produzem. É essencial não apenas identificar *quais* fontes os teólogos usam, mas também *como* as empregam. Eles priorizam fontes específicas? Suas fontes são fundacionais ou estão sendo usadas para apoiar suas visões teológicas? Fazer esses tipos de perguntas pode nos abrir uma janela para as questões sobre o que é autoritativo para o teólogo e qual é o objetivo de sua obra.

Em 1964, Albert Outler identificou que John Wesley usava quatro fontes diferentes em sua teologia: a Escritura, a tradição, a razão e a experiência. Ele apelidou essa combinação de "o quadrilátero wesleyano".[4] Outler argumentava que a Escritura era a peça central da teologia

---

2   Antonio Damasio. *Descartes' error: emotion, reason, and the human brain* (New York: HarperCollins, 1994); no Brasil: *O erro de Descartes: emoção, razão e o cérebro humano* [São Paulo: Companhia das Letras, 2012]); para um panorama, veja Emily Eakin. I feel, there I am. *New York Times*, 19 abr. 2003. Disponível em: www.nytimes.com/2003/04/19/books/i-feel-therefore-i-am.html.

3   Citado por Tim Radford. I feel, therefore I am. *The Guardian*, 20 jan. 2000. Disponível em: www.theguardian.com/books/2000/jan/20/scienceandnature.booksonhealth.

4   Outler adverte quanto ao uso do termo sem reconhecer que este não pretende significar uma figura com lados iguais. Em vez disso, ele escreveu que o termo "pretende ser uma metáfora para uma síndrome de quatro elementos, incluindo as quatro diretrizes de autoridade no método teológico de Wesley. Em tal quaternidade, a Sagrada Escritura é claramente única. Mas esta, por sua vez, é iluminada pela sabedoria cristã coletiva de outras épocas e culturas, entre a Era Apostólica e a nossa" (Albert C. Outler. The Wesleyan quadrilateral in Wesley. *Wesleyan Theological Journal*, 20, n. 1 [Spring 1985]). Disponível em: http://wesley.nnu.edu/fileadmin/imported_site/wesleyjournal/1985-wtj-20-1.pdf, p. 11.

de Wesley, com a tradição, a razão e a experiência cristã como auxiliares dinâmicos e interativos que ele usava na interpretação da Palavra de Deus na Escritura.[5]

Os teólogos, no entanto, nem sempre valorizam todas essas quatro fontes para a teologia. Por exemplo, Tertuliano, teólogo da igreja primitiva, questionou o uso da razão e do pensamento filosófico, fazendo a célebre pergunta: "O que Atenas tem a ver com Jerusalém?". Essa visão está em nítido contraste com a declaração posterior de René Descartes, que ajudou a construir a base para o racionalismo: "Penso, logo existo".

O uso da tradição como fonte da teologia também é controverso. Enquanto a Igreja Católica Romana propalava o valor indispensável da tradição (isto é, da "Sagrada Tradição" católico-romana) no Concílio de Trento, reformadores como Martinho Lutero defendiam a *sola Scriptura* (somente as Escrituras) como fonte da teologia.

Da mesma forma, podemos observar diversos pontos de vista sobre o valor da experiência religiosa como base para a teologia. Embora teólogos liberais, como Friedrich Schleiermacher, tenham apelado para a experiência religiosa, alegando que a compreensão mais verdadeira de Deus é um "sentimento de dependência absoluta",[6] em resposta, outros teólogos, como J. Gresham Machen, argumentaram contra essa ideia: "Não é de admirar, portanto, que o liberalismo seja totalmente diferente do cristianismo, pois o fundamento é diferente. O cristianismo é baseado na Bíblia. Baseia-se na Bíblia tanto no que se refere a seu pensamento quanto a sua vida. O liberalismo, em contrapartida, é baseado nas emoções mutáveis de homens pecadores".[7] Outros teólogos têm usado as ciências naturais, as ciências sociais ou outras disciplinas, como a filosofia, em sua teologia. Vamos fazer um breve exame de algumas dessas fontes possíveis.

Qual é o papel da Escritura?

Historicamente, os teólogos têm considerado as Escrituras como algo vital para a teologia. Eles têm divergido, entretanto, em sua visão quanto a seu papel e a seu nível de autoridade. Para alguns, como Ulrico Zuínglio,

---

5 Veja Outler, Wesleyan quadrilateral, p. 9.

6 Veja Friedrich Schleiermacher, in: Catherine L. Kelsey; Terrence Tice (org.). *Christian faith: a new translation and critical edition*. v. 1 (Louisville: Westminster John Knox, 2016), p. 18-44.

7 J. Gresham Machen. *Christianity and liberalism* (Grand Rapids: Eerdmans, 1923), p. 79.

98 COMO LER TEOLOGIA

a Bíblia é a Palavra sobrenatural de Deus e a única fonte da verdade (*sola Scriptura*).[8] Para outros teólogos, como Karl Barth, a Bíblia é uma "testemunha da revelação divina".[9] Ainda outros, como Bart Ehrman, veem a Bíblia como uma obra literária, do mesmo modo que o são as peças de Shakespeare, mas uma obra que comunica conceitos morais que podem moldar e guiar as pessoas nos dias de hoje.[10]

Questões como conteúdo, autoridade, inspiração, inerrância, infalibilidade, confiabilidade, unidade e diversidade da Escritura têm sido áreas de controvérsia entre os teólogos. As perguntas a seguir podem ajudar a desvendar como um teólogo vê e utiliza a Escritura:

- O que compõe a Escritura? Os livros apócrifos estão incluídos?

- A Escritura é o único fundamento (*sola Scriptura*), o fundamento primário (*prima Scriptura*) ou um dos muitos fundamentos?

- A Escritura é uma obra divina ou humana? É inspirada por Deus ou feita de relatos meramente humanos?

- A Escritura é inerrante (seu conteúdo não contém erros quando corretamente interpretada) e infalível (confiável em sua mensagem)? Se assim for, em que medida? É inerrante apenas em questões de fé e prática ou também em detalhes históricos e científicos?

- A Escritura é proposicional, narrativa, metafórica ou de natureza prática? É descritiva, prescritiva ou corretiva?

---

8   "Portanto, aqueles que ouvem são ovelhas de Deus, são a igreja de Deus, e não podem se enganar; pois seguem apenas a palavra de Deus, que de maneira alguma pode ludibriar. Contudo, se eles seguem outra palavra, não são ovelhas de Cristo, nem rebanho de Cristo, nem igreja de Cristo; pois seguem um estranho. Pois é característico das ovelhas nem mesmo ouvir um estranho" (Ulrico Zuínglio, in: Samuel Macauley Jackson; Clarence Nevin Heller (org.). *Commentary on true and false religion* [Eugene: Wipf & Stock, 2015], p. 373).

9   Karl Barth, in: G. W. Bromiley; T. F. Torrance (org.). *The doctrine of the word of God. Church Dogmatics*. v. 1 (Edinburgh: T&T Clark, 1956), p. 457.

10 "As pessoas precisam usar sua inteligência para avaliar o que consideram ser verdadeiro ou falso na Bíblia. É assim que precisamos viver a vida em geral. Precisamos avaliar tudo o que ouvimos e vemos – sejam os escritos inspiradores da Bíblia, sejam os escritos inspiradores de Shakespeare, Dostoiévski ou George Eliot, ou Gandhi, Desmond Tutu ou o Dalai Lama [...] Então, por que estudar a Bíblia? [...] A Bíblia é o livro mais importante da história da civilização ocidental. É o livro mais comprado, o mais estudado, o mais altamente reverenciado e o livro mais completamente incompreendido – de todos os tempos! Por que eu não iria querer estudá-la?" (Bart D. Ehrman, *Jesus, interrupted: revealing the hidden contradictions in the Bible (and why we don't know about them)* [New York: HarperOne, 2009], p. 281-2).

- Certas partes da Escritura têm prioridade sobre outras?
- Como a Escritura deve ser interpretada? De forma literal, figurativa, espiritual, contextual, moral?
- Quão contextualizada é a Escritura? Como o contexto bíblico original impacta o significado da passagem?
- O quanto a Escritura é aplicável hoje?

O modo como um teólogo responde a essas perguntas impacta o uso que ele faz da Escritura. Essas também são perguntas importantes de fazer a nós mesmos. Como vemos a Escritura? Que papel ela desempenha no desenvolvimento da nossa teologia? Tomamos a Escritura como fundamento ou meramente como um texto-prova para nossas crenças?

Qual é o papel da tradição e da igreja?

Outro recurso que tem sido bastante valorizado tanto implícita quanto explicitamente pelos teólogos é a tradição, ou os ensinamentos da igreja. A palavra *tradição* deriva do termo latino *traditio*, que significa "entregar ou passar adiante". Em termos gerais, o termo teológico se refere a crenças e práticas da fé cristã que têm sido transmitidas e seguidas pela comunidade cristã. As nuanças do termo, no entanto, têm sido entendidas de várias maneiras.

Para alguns, a tradição diz respeito à transmissão de ensinamentos e práticas apostólicas que não estão contidos na Escritura. Nesse sentido, a tradição também pode se referir a ensinamentos e interpretações dos pais da igreja ou dos papas que, ao longo do tempo, se consolidaram como oficiais. Isso pode incluir os ensinamentos de documentos históricos, como concílios, credos, confissões e catecismos. Outros afirmam que a tradição é a influência viva do Espírito Santo na igreja. O termo *igreja* aqui é frequentemente usado em referência à Igreja Católica Romana ou à Igreja Ortodoxa Oriental, e não à igreja universal (a todo o corpo de cristãos). Por essa visão, a igreja é vista como o principal transmissor da tradição. Outra perspectiva vê a tradição como algo centrado nas práticas da igreja, como a adoração, a oração, a Ceia do Senhor e o batismo.

Geralmente, as Igrejas Católica Romana, Ortodoxa do Leste [Europeu], Ortodoxa Oriental e Anglicana deram mais ênfase à tradição do que as protestantes, pois defendem que "Escritura e tradição"

100 COMO LER TEOLOGIA

são fontes de teologia fundacionais e interconectadas. Mais recentemente, a Igreja Católica Romana fez uma diferenciação entre *tradição apostólica* (a mensagem de Cristo que, por meio do Espírito Santo, foi transmitida pelos apóstolos a seus sucessores) e *tradição eclesiástica* (costumes e ensinamentos particulares que se originam dentro de um contexto eclesiástico específico). Embora ambas sejam consideradas oficiais, a primeira é vista como parte do repertório imutável da fé, enquanto a última pode ser modificada ou alterada.[11]

Mesmo quando os teólogos não usam explicitamente a tradição como fonte, muitas vezes o fazem implicitamente. Por exemplo, a maneira como abordam o batismo em geral está relacionada às práticas de sua própria igreja, não apenas à Escritura. Assim, enquanto um batista defende que o batismo consiste na prática da imersão total de um cristão, sendo um pré-requisito para ser membro da igreja, um luterano sustenta que o batismo é um meio milagroso de graça e que, quando uma criança é batizada pela aspersão de água, Deus pode gerar fé no coração dessa criança. Ambos usam algumas das mesmas passagens bíblicas como base para a posição que defendem, mas dependem em parte de sua tradição para explicar essa posição.[12]

Algumas das perguntas que podem ajudar a desvendar como um teólogo entende e usa a tradição são estas:

- Do que é composta a tradição? Credos, confissões, declarações oficiais da igreja, liturgia, práticas de adoração?

- Qual é a fonte da tradição? São os indivíduos, é a igreja, ou é o Espírito Santo?

- Quais são os meios para determinar o que é a verdadeira tradição?

- Quando a tradição pode ser mudada?

- Quão autoritativa é a tradição?

- Qual é a relação entre tradição e Escritura? Entre tradição e razão? Entre tradição e experiência? E entre tradição e cultura?

---

11 Veja *Catechism of the Catholic Church*: The Transmission of Divine Revelation. Disponível em: www.vatican.va/archive/ccc_css/archive/catechism/p1s1c2a2.htm.

12 É possível ver essas diferentes expressões na declaração de 1858 do Southern Baptist Theological Seminar, "Batistas sobre o Batismo dos Crentes", disponível em: www.baptiststart.com/print/baptism_quotes.html, e na declaração do Sínodo da Igreja Luterana de Missouri, "Perguntas frequentes – Doutrina: Batismo", disponível em: www.lcms.org/about/beliefs/faqs/doctrine#baptism.

Embora os protestantes tenham historicamente "protestado" contra o uso da tradição como fonte primária da teologia, ainda assim esta teve um papel importante na fé protestante, embora às vezes de forma não intencional. Que papel a tradição desempenha em sua teologia, quer ela consista em seguir a tradição oficial, quer consista em seguir apenas crenças e práticas que você incorporou, de forma consciente ou inconsciente, a partir de sua comunidade cristã?

Qual é o papel da razão?

A palavra *razão* tem sido entendida de várias maneiras diferentes. Pode referir-se à cognição ou ao discernimento humano. Quando usada com essa acepção, é vista como o processo de fazer uso da cognição na avaliação de crenças. Também pode ser entendida como uma fonte de conhecimento. Essa visão faz uma distinção entre as "verdades da fé" e as "verdades da razão". As primeiras são derivadas da revelação divina e as últimas, das faculdades humanas naturais. Uma terceira visão se refere à razão como lógica ou intelecto. Essa perspectiva toma a razão como um aspecto da imagem de Deus que dota os seres humanos, de forma singular, com uma natureza ou capacidade intelectual que os possibilita compreender e amar Deus e o mundo que ele criou.[13]

Embora a razão, com todas as suas nuances, tenha desempenhado um papel vital no desenvolvimento da teologia, nem sempre foi reconhecida como uma fonte confiável. Na verdade, pensamentos lógicos, racionais e analíticos ou capacidades humanas naturais às vezes têm sido vistos como elementos que entram em conflito direto com a fé cristã.

Com a ascensão da Escolástica, os teólogos começaram a fazer uso e até mesmo a depender intensamente da razão, seguindo o lema de Anselmo *fides quaerens intellectum*, ou "fé em busca de entendimento". Martinho Lutero, no entanto, rejeitava, com todas as forças, a capacidade natural de raciocínio como base para a fé: "A razão é o maior inimigo que a fé tem: ela nunca vem em auxílio das coisas espirituais, mas – com mais frequência do que não – entra em conflito contra a Palavra Divina,

---

13 Keith Mathison explora o tópico sobre fé e razão e os vários entendimentos históricos (Faith and reason. *Ligonier Ministries*. Disponível em: www.ligonier.org/learn/articles/faith-and-reason-article); veja também R. C. Sproul; Keith Mathison. *Not a chance: God, science, and the revolt against reason* (Grand Rapids: Baker, 2014).

102 COMO LER TEOLOGIA

tratando com desprezo tudo o que emana de Deus".[14] Conta-se que Lutero até mesmo chamou a razão de "a maior prostituta do Diabo" (embora se deva verificar o contexto dessa sua declaração).[15]

Outros reformadores, como João Calvino e Ulrico Zuínglio, também apelavam para a necessidade do dom da fé e concordavam com Lutero em que a razão, por si mesma, não pode compreender o evangelho. Eles, no entanto, não compartilhavam da grande aversão de Lutero à razão. Em vez disso, eles a reconheciam como uma fonte valiosa, com as limitações de seu estado decaído.[16]

Abaixo estão algumas perguntas que ajudam a discernir a perspectiva de um teólogo sobre a razão:

- Qual é a natureza da razão?

- Qual é a relação entre razão e conhecimento? E entre razão e verdade? Ou razão e fé?

- A razão é impactada pela Queda e pelo pecado?

- A razão é universal?

- Quais são os pontos fortes e fracos da razão?

Um dos segredos para entender um teólogo é tratar de sua perspectiva sobre a razão – para saber não apenas se ela é uma fonte válida para ele, mas também sua natureza e seu uso. Essas questões também são importantes para o leitor. É vital analisar sua própria perspectiva sobre questões como: A razão é uma capacidade natural? Quão confiável ela é como fonte? Que relação ela tem com a fé e a verdade?

Os pressupostos subjacentes sobre a razão, sobretudo na cultura ocidental, muitas vezes tendem a enfatizar fortemente a ciência e a racionalidade, influenciando assim nossas perspectivas teológicas.

---

14 Martinho Lutero, in: William Hazlitt (org.). *The table talk of Martin Luther* (London: Bell, 1902), p. 164. Os registros revelam que Lutero fez essa declaração a respeito da recusa anabatista de batizar crianças, porque faltavam a elas capacidades racionais.

15 Veja Martin Luther, in: John W. Doberstein (org.) *Luther's works*. v. 51 (Philadelphia: Fortress, 1973), p. 371-80. É digno de nota que Lutero, em seu último sermão em Wittenberg, não estava rejeitando totalmente a razão. Antes, insistia em que a razão fosse "submetida e obediente a esta fé" (p. 379).

16 Calvino, por exemplo, reconhecia as limitações da razão: "[O evangelho] é uma doutrina não da língua, mas da vida. Não é apreendido apenas pelo entendimento e pela memória, mas só é recebido quando possui toda a alma, e encontra assento e lugar de descanso na afeição mais íntima do coração" (*Inst.*, III.6.4).

Um exemplo disso é o uso da razão para identificar o certo e o errado. Pensadores como Aristóteles, Alexander Hamilton e C. S. Lewis argumentavam, com base na razão, que o ser humano tem uma vocação mais elevada do que simplesmente seguir seus instintos básicos. Da mesma forma, os leitores costumam usar a razão para avaliar o valor das declarações de um teólogo e desenvolver suas próprias crenças baseando-se no que lhes parece razoável.

Qual é o papel da experiência?

A experiência também desempenhou um papel significativo no desenvolvimento da teologia. Em geral, a palavra *experiência* significa "conhecimento obtido por reiterados testes ou tentativas". Para a teologia, a experiência é frequentemente entendida como aquilo que se relaciona com a vida espiritual interior ou com as percepções do indivíduo. Por exemplo, John Wesley se refere à experiência, quando fala sobre seu coração estar "estranhamente aquecido", assim como Jonathan Edwards, quando descreve o "novo senso espiritual" do cristão ou o "senso do coração". Juliana de Norwich escreve sobre sua "experiência" de Cristo em seu leito de morte, quando recebeu quinze visões ou "aparições" diretamente de Deus. Para a teologia, as experiências religiosas podem ser vistas como percepções sensoriais naturais, experiências espirituais sobrenaturais ou sentimentos subjetivos.

Adeptos do evangelicalismo, do liberalismo e do misticismo apelaram para a experiência como base fundamental para sua teologia. Os primeiros, em regra, apelam para a natureza autoritativa das experiências religiosas pessoais conjugadas com a Escritura. Esse é o caso de John Wesley. Os segundos frequentemente baseiam sua teologia principalmente em percepções e sentimentos naturais. O apelo de Friedrich Schleiermacher ao "sentimento de dependência absoluta" como a essência da religião é um exemplo disso. O último grupo toma as revelações sobrenaturais e místicas não apenas como possíveis, mas também como normativas. Juliana de Norwich entendeu suas revelações como visões diretas de Deus, que mais tarde foram confirmadas como autênticas pela Igreja Católica.

Algumas das perguntas que ajudam a desvendar a visão de um teólogo e a confiança que ele deposita na experiência são as seguintes:

- Qual é o papel da experiência na transmissão e na determinação da verdade?

104 COMO LER TEOLOGIA

- De que maneiras alguém pode experimentar Deus e perceber a verdade? Isso pode se dar por meio de sentimentos, visões, percepções sensoriais?

- Qual é a fonte da verdadeira experiência? Ela é natural, sobrenatural ou uma combinação das duas coisas?

- Como as experiências são autenticadas? Pela igreja, pelo indivíduo ou pela ciência?

Em uma época em que as experiências são vistas, via de regra, como normativas, apela-se cada vez mais para elas como base apropriada para a teologia. Não é incomum que cristãos defendam suas posições teológicas com base em seus sentimentos ou experiências pessoais. Ninguém pode discordar de outra pessoa quanto a se ela teve ou não uma experiência ou percebe algo de modo particular. Entretanto, quanto peso devemos atribuir às nossas experiências ou percepções? As percepções podem estar erradas? Como você interpreta o significado de suas experiências? São perguntas essenciais, que devemos fazer não apenas aos teólogos que lemos, mas também a nós mesmos.

Qual é o papel da ciência?

Qual é a relação entre ciência e teologia? É de amizade ou de inimizade? Muitos cristãos conservadores assumiram essa última alternativa, sugerindo que a aceitação da ciência como fonte viável de verdade teológica é um desdobramento recente e negativo. Mas, como professora sênior de filosofia cristã, Nancey Murphy corretamente argumenta que a ciência ocidental moderna encontra suas origens na "matriz de uma cosmovisão cristã".[17] Embora possamos verificar momentos de conflito entre a ciência e o cristianismo, como, por exemplo, no tratamento que a Igreja Católica dispensou a Galileo Galilei no século 17, historicamente a Igreja Católica tem sido uma das maiores apoiadoras da ciência. Na verdade, historicamente falando, os mosteiros foram centros de formação intelectual e deram contribuições significativas à ciência. A Igreja Católica reconhecidamente fundou muitos dos hospitais mais renomados do mundo.

---

17 Nancey Murphy. "Science and Theology: Mapping the Relationship". *Fuller Studio*. Disponível em: https://fullerstudio.fuller.edu/science-theology-mapping-relationship. James Hannam discute como o cristianismo ajudou a promover a ciência em *The genesis of science: how the Christian Middle Ages launched the scientific revolution* (Washington: Regnery, 2011).

Um conflito genuíno, no entanto, tornou-se proeminente no início do século 20, com o surgimento do fundamentalismo e sua resposta à alta crítica e ao evolucionismo. Os fundamentalistas viam a Escritura, não a ciência, como a fonte autoritativa de verdade. É a ciência, portanto, que deve se alinhar à Escritura, e não o contrário. A abordagem fundamentalista, no entanto, não é a única abordagem à ciência, mesmo entre teólogos cristãos conservadores.

A seguir encontram-se algumas das perguntas que ajudam a desvendar a visão que um teólogo pode ter da ciência como fonte da teologia:

- Quão compatíveis são a ciência e a fé cristã?

- Como reconciliamos as diferenças entre as descrições científica e bíblica do universo?

- Quão confiável é a ciência em revelar a verdade?

- O que a ciência pode revelar sobre o propósito do universo? E sobre a criação do universo? Deus? E os seres humanos?

- Como devemos ver as "leis da natureza"?

- Qual é a relação entre o natural e o sobrenatural?

Qual é o papel das circunstâncias sociais?

Todos vivemos em um ambiente histórico, social, político, familiar, eclesiástico e cultural específicos. Embora Deus e as verdades do evangelho transcendam os limites de tempo, espaço e circunstâncias sociais, o Antigo e o Novo Testamentos foram escritos em épocas específicas, em lugares específicos, sob certas circunstâncias e para audiências específicas. Da mesma forma, os intérpretes leem a Escritura a partir de seu contexto particular. Mesmo questões como nacionalidade, gênero, etnia e idioma podem ser fatores que exercem influência modeladora sobre a reflexão teológica.

A Escritura não foi escrita nem é lida fora de qualquer contexto. O pensamento de um teólogo e até mesmo nossa interpretação de suas ideias são significativamente influenciados pelas circunstâncias sociais. Por exemplo, se os teólogos vêm de um contexto de opressão, eles tendem a abordar questões muito diferentes do que se viessem de um contexto privilegiado. Esse contraste fica evidente quando se faz uma comparação da obra de Gustavo Gutiérrez com a de Joel Osteen. Ambos

106 COMO LER TEOLOGIA

os escritores abordam questões relativas a riqueza e libertação, mas o fazem a partir de perspectivas radicalmente diferentes.

Gutiérrez, teólogo peruano, incentiva seus leitores a adotarem uma leitura marxista dos evangelhos, que se concentra em cuidar das necessidades dos pobres.[18] Em contraste, Osteen, pastor de uma megaigreja norte-americana milionária, incentiva seus ouvintes a reconhecerem a generosidade de Deus para com seus discípulos comprometidos. Em vez de encorajar sua audiência a dar aos pobres, ele a aconselha a aumentar sua "capacidade de receber".[19] O contexto social pode ter uma tremenda influência sobre as lentes através das quais um teólogo vê a Escritura e sobre as preocupações que ele traz ao texto.

Seguem algumas perguntas que ajudam a identificar como as circunstâncias sociais podem servir de fonte para a teologia:

- Qual é o contexto social específico do teólogo, a partir do qual ele está escrevendo?

- Como ele entende sua situação social?

- Como seu contexto social influencia ou molda sua teologia?

- Como ele responde a seu contexto ou outro contexto em sua teologia?

Também é produtivo que o leitor de teologia faça essas perguntas a si mesmo. Por exemplo, valores como liberdade e justiça para todos, tão prezados pelos norte-americanos, influenciam nossa resposta às perspectivas teológicas sobre a presciência divina? Se viéssemos de uma cultura mais hierárquica, teríamos a mesma perspectiva? Raramente, se é que isso é possível, somos capazes de suspender a influência de nossas circunstâncias sociais e fazer julgamentos teológicos imparciais.

Qual é o papel de outras disciplinas?

Qual é a relação entre a teologia e outras disciplinas, como a crítica literária, a arqueologia, a sociologia, a psicologia e a filosofia? Alguns teólogos procuraram isolar a teologia cristã das descobertas de outras

---

18 Gustavo Gutiérrez. *A theology of liberation* (Maryknoll: Orbis, 1973). Gutierrez escreveu: "A práxis sobre a qual a teologia da libertação faz sua reflexão é uma práxis de solidariedade no interesse da libertação, e é inspirada pelo evangelho" (p. xxx).

19 Joel Osteen, *Break out! 5 keys to go beyond your barriers and live na extraordinary life* (New York: FaithWords, 2013), p. 47.

disciplinas, enquanto outros abandonaram crenças teológicas antigas e consolidadas em favor de "conhecimentos novos" descobertos por outras áreas.[20] Outros ainda buscaram integrar a teologia a outras disciplinas, aderindo ao princípio de que "toda verdade é verdade de Deus". Agostinho defende essa posição: "Que todo bom e verdadeiro cristão entenda que, onde quer que a verdade seja encontrada, ela pertence a seu Mestre".[21] Curiosamente, João Calvino, um defensor da *sola Scriptura* (somente a Escritura), também compartilha dessa perspectiva. Em suas *Institutas*, ele até mesmo insiste que se pode aprender "lendo autores profanos [seculares]" nos quais "a admirável luz da verdade é exibida" mesmo em sua condição decaída. Precisamos ter cuidado, de acordo com Calvino, para "não rejeitarmos a própria verdade, nem a desprezarmos onde quer que ela apareça".[22]

Muitos teólogos afirmam que Deus fala por revelação natural e sobrenatural. Permanece a questão, entretanto, sobre o que fazer quando o "conhecimento novo" descoberto por revelação natural parece contradizer a Escritura. Por exemplo, foi "descoberto" por arqueólogos israelenses que, até o século 9 a.C., os camelos não eram domesticados em Israel.[23] No entanto, os relatos bíblicos retratam camelos sendo domesticados desde a época de Moisés. Qual cálculo está correto? Esta descoberta acaso significa que a Bíblia não é historicamente confiável? As opiniões dos teólogos sobre o valor de outras disciplinas e o peso que elas devem receber variam bastante.

Algumas questões críticas a serem feitas sobre o uso de outras disciplinas são as seguintes:

- Onde Deus revela a verdade? Quais disciplinas contêm verdades?

- Quão válidas são as descobertas de outras disciplinas?

- Qual é a relação da teologia com outras disciplinas? Quem tem autoridade primária?

---

20 Douglas F. Ottati trata disso em "Christian theology and other disciplines". *Journal of Religion* 64, n. 2 (April 1984), p. 173-87.

21 Augustine, *On Christian doctrine*. trad. J. F. Shaw (Mineola: Dover, 2009), p. 53.

22 *Inst.*, II.2.15.

23 Morgan Lee. "New evidence using carbon dating contradicts the Bible, Israeli archeologists claim". *Christian Post*, 6 fev. 2014. Disponível em: www.christianpost.com/news/new-evidence-carbon-dating-contradicts-bible-israeli-archeologists-claim-114116.

108   COMO LER TEOLOGIA

- Como você concilia as contradições entre a Escritura e outras disciplinas?

- Quando é apropriado integrar outras disciplinas e quando elas devem ser mantidas separadas?

Juntando tudo: um exemplo de como identificar a fonte

O papel significativo que as fontes podem desempenhar na perspectiva de um teólogo fica evidente no recente debate monismo-dualismo sobre a constituição do ser humano. Historicamente, os teólogos cristãos têm preferido uma compreensão dualista da natureza humana, ou seja, a visão de que os seres humanos são constituídos de duas substâncias: uma física e outra espiritual. Embora alguns teólogos, particularmente no Oriente, tenham argumentado que o aspecto não físico dos seres humanos possa ser subdividido em alma e espírito, os teólogos em geral ainda estão alinhados com uma perspectiva dualista da humanidade ou um "dualismo da substância".

Recentemente, no entanto, a visão dualista da constituição humana tem sido criticada, especialmente por estudiosos ligados a outras disciplinas acadêmicas. Nancey Murphy, cristã, teóloga e filósofa da ciência, é uma desses estudiosos. Murphy aborda a questão crítica da natureza dos seres humanos em seu livro *Bodies and souls, or spirited bodies?* [Corpos e almas, ou corpos animados?] Nessa obra, ela defende uma explicação "fisicalista não reducionista" da natureza humana, afirmando que "nós somos nossos corpos – não há nenhum elemento metafísico adicional, como mente ou alma ou espírito".[24] Com base em que Murphy conclui que os seres humanos são compostos de apenas uma parte, ou do que ela chama de "corpos animados"?

A teologia de Murphy sobre a constituição do ser humano é informada por estudos críticos da Bíblia, teoria científica atual e filosofia contemporânea. Murphy usa estudos críticos da Bíblia para argumentar que uma explicação fisicalista da natureza humana não entra em conflito com a visão bíblica, porque "a Bíblia não tem um ensino claro nesse ponto".[25] Ela argumenta que os estudiosos anteriores leram erro-

---

24 Nancey Murphy. *Bodies and souls, or spirited bodies?* (New York: Cambridge University Press, 2006), p. ix.

25 Murphy, *Bodies and souls, or spirited bodies?*, p. 4.

DESCOBRINDO AS FONTES **109**

neamente uma posição dualista no texto bíblico com base em traduções imprecisas e pressupostos dualistas.

Murphy também explica por que os avanços na compreensão científica minam uma orientação dualista, apelando para a Revolução Copernicana e a teoria da evolução de Darwin. Argumenta que evidências da física, da biologia evolutiva e da neurociência apoiam melhor uma posição fisicalista.[26] Com base no pensamento filosófico atual, Murphy afirma que a visão monista ainda admite o livre-arbítrio e a responsabilidade humana. Ela também inclui vagas alusões a encontros espirituais pessoais, incluindo seu chamado divino para a educação teológica.

A obra em questão foi escrita como parte de uma série sobre "Questões atuais na teologia" para não acadêmicos; assim, Murphy tenta fazer um levantamento básico da história das visões religiosa, científica e filosófica da natureza humana, em lugar de uma explicação bíblica. Baseando-se fortemente em outras disciplinas, Murphy revela seu pressuposto de que a razão natural é uma fonte válida e fundacional para a compreensão da natureza humana. Ela sugere que os seres humanos podem ter encontros com o divino e que a Escritura é uma valiosa fonte cristã, mas não a base primária de sua posição teológica. Para Murphy, o cristianismo e a ciência são compatíveis, e Deus trabalha principalmente por meios naturais.

Conclusão

Onde podemos encontrar a verdade? Na Escritura? Na tradição? Na igreja? Na razão? Na experiência? Na ciência? Na sociedade? Quais fontes priorizamos? Todo teólogo deve responder a essas perguntas. Embora Agostinho de Hipona visse a Escritura como a fonte primária da verdade, ele ainda sustentava, como Nancey Murphy, que Deus também pode revelar a verdade por meios naturais:

> Quem é um bom e verdadeiro cristão deve perceber que a verdade pertence ao seu Senhor, onde quer que seja encontrada, acatando-a e reconhecendo-a até mesmo na literatura pagã, mas rejeitando as futilidades supersticiosas, bem como deplorando e evitando aqueles que "embora conhecessem Deus, não o glorificaram como Deus

---

26 Veja Murphy, *Bodies and souls, or spirited bodies?*, p. 48-9, 56.

110 COMO LER TEOLOGIA

nem lhe deram graças, mas se enfraqueceram em seus próprios pensamentos e mergulharam suas mentes insensatas nas trevas. Dizendo-se sábios, eles se tornaram loucos e trocaram a glória do Deus incorruptível pela imagem de mortais corruptíveis, animais e répteis".[27]

Agostinho baseia seu entendimento da validade da revelação natural em Romanos 1:21-23, encorajando sua audiência a reconhecer a verdade no mundo. Ele, porém, também reconhece a necessidade de separar o joio do trigo. Não devemos aceitar cegamente todas as fontes como igualmente válidas. Ele lembra seus leitores de que, em razão da Queda, muitos trocaram as verdades de Deus por mentiras sem sentido. Nós também precisamos considerar como distinguir fontes válidas de verdade de "futilidades supersticiosas".

QUESTÕES PARA DISCUSSÃO E REFLEXÃO

1. Quais fontes são usadas na busca da verdade, hoje, na sociedade? Dê um exemplo específico.

2. O quadrilátero wesleyano é um método de reflexão teológica creditado a John Wesley, que identifica o uso de quatro fontes para chegar a conclusões teológicas: a Escritura, a tradição, a razão e a experiência – tendo a Escritura como peça central. Como você vê as fontes priorizadas pela reflexão teológica atual? Qual tem sido o lugar da Escritura?

3. Embora tenha havido perspectivas diversas sobre o valor da tradição, esta teve um papel significativo em moldar a reflexão teológica. Cite alguns exemplos de como a tradição moldou a teologia. De que modo você a percebeu como um instrumento na teologia protestante?

4. O uso da ciência e de outras disciplinas na reflexão teológica tem sido objeto de debate entre os teólogos. Alguns procuram integrar fé e ciência, por exemplo, enquanto outros as veem em conflito uma com a outra. Como você vê a relação entre os meios naturais de conhecimento e a reflexão teológica?

---

27 Santo Agostinho. *On Christian teaching* (Oxford: Oxford University Press, 1997), p. 47.

A ciência é uma fonte fundacional da verdade sobre Deus e seu relacionamento com o mundo? Em caso afirmativo, o que fazemos quando ciência e Escritura parecem se contradizer?

5. Os contextos sociais podem ter uma tremenda influência sobre as lentes através das quais um teólogo vê a Escritura e as preocupações que ele traz para o texto. Como seu contexto afeta sua maneira de ler a Bíblia? Ou de ler teologia?

6. Responda à declaração de Agostinho: "Que todo bom e verdadeiro cristão entenda que, onde quer que a verdade seja encontrada, ela pertence a seu Mestre". Onde você acha que a verdade pode ser encontrada? Como discernimos a verdade de Deus do que Agostinho chama de "futilidades supersticiosas"?

Adote a prática de identificar as fontes

Quais fontes o teólogo utiliza?

Analise brevemente uma obra teológica e responda às seguintes perguntas:

1. Que tipos de fontes o teólogo utiliza? Especifique. A Escritura, a tradição, a igreja, a razão, a experiência, a ciência, as circunstâncias sociais, ou outras?

2. Como o teólogo utiliza as fontes? Ele prioriza determinadas fontes? As fontes são fundacionais para suas visões teológicas ou estão sendo utilizadas em apoio a essas visões?

3. O que essas informações lhe revelaram sobre o que é autoritativo para o teólogo e sobre qual é o objetivo da obra?

CAPÍTULO 7

DISCERNINDO A VISÃO DO TEÓLOGO: OUVINDO O ARGUMENTO PRINCIPAL, OS PONTOS-CHAVE E OS TERMOS-CHAVE

Considero que os amantes de livros não são aqueles que mantêm seus livros escondidos em baús e nunca os abrem, mas sim aqueles que, manuseando-os noite e dia, os folheiam, os desgastam, os estragam, e lhes enchem as margens com anotações dos mais variados tipos, e preferem as marcas de um erro que tenham apagado a um exemplar impecável e cheio de erros.
Erasmo, *Correspondência*, vol. 1, em *Collected works of Erasmus*

O ouvido que ouve e o olho que vê, o Senhor fez a ambos.
Provérbios 20:12

O que o teólogo está procurando comunicar?

Você é um bom ouvinte? Eugene Raudsepp conta a história de um zoólogo que, ao caminhar por uma rua movimentada, exclama para um amigo: "Ouça só esse grilo!". O amigo responde espantado: "Você ouve um grilo no meio de todo esse barulho e confusão?". O zoólogo procura algo com cuidado no bolso, tira uma moeda, a lança no ar e deixa que caia no chão. Uma dúzia de pessoas viram a cabeça ao ouvir o tilintar da moeda na calçada. Então, o zoólogo responde serenamente a seu amigo: "Ouvimos aquilo a que nossos ouvidos estão atentos".[1] Isso não vale também para conversas? Mesmo as palavras de nossos amados amigos podem ser abafadas pelo barulho e pela confusão da nossa mente.

O coração do diálogo com qualquer pessoa está em poder ouvir atentamente e compreender o que de fato importa para essa pessoa. Infelizmente, a maioria de nós não é tão boa em ouvir quanto deveria ser. Embora praticamente todos se considerem um comunicador eficaz, pesquisas mostraram que os indivíduos em média só ouvem com uma porcentagem de 25% de eficiência.[2] Comunicadores verdadeiramente eficazes, no entanto, são especialistas em ouvir. O romancista Ernest Hemingway destacava o valor da escuta atenta: "Gosto de ouvir. Aprendi muito ouvindo atentamente. A maioria das pessoas nunca escuta".[3] Ser um ouvinte e um comunicador eficaz é um conceito bíblico. Tiago 1:19 chama o cristão a ser "pronto para ouvir, lento para falar, lento para irar-se".

A boa comunicação – a saber, a comunicação que envolve ouvir atentamente e abrir-se a considerar a perspectiva de outra pessoa – é um elemento básico da verdadeira amizade e sabedoria. Ler bem teologia, como a escuta ativa, é uma arte que requer esforço, habilidade e atenção. Para entrar em um bom diálogo com um texto teológico, a pessoa precisa entender e levar em conta o ponto de vista do teólogo. Como Mortimer Adler escreveu: "A compreensão é alcançada somente quando, além de saber o que o autor diz, você sabe o que ele quer dizer e por que ele diz".[4]

Esse diálogo se torna possível quando o leitor puder fazer três coisas: identificar o objetivo da obra; determinar os principais argumentos;

---

1 Eugene Raudsepp. "The art of listening well". *Inc.*, 1 out. 1981. Disponível em: www.inc. com/magazine/19811001/33.html.

2 Citado por Lindsay Holmes. "9 things good listeners do differently". *HuffPost*, 14 ago. 2014. Disponível em: www.huffpost.com/entry/habits-of-good-listeners_ n_5668590; veja o estudo de Richard Huseman, James M. Lahiff e John M. Penrose sobre comunicação (*Business communication: strategies and skills* [Chicago: Dryden, 1991]).

3 Citado por Active Listening: Small Group Activity. *BYU Center for Teaching and Learning*. Disponível em: https://ctl.byu.edu/tip/active-listening-small-group-activity.

4 Mortimer J. Adler; Charles Van Doren. *How to read a book* (New York: Simon & Schuster, 1972), p. 11.

e apreender os termos críticos do texto. O processo de escuta começa quando o leitor faz as perguntas certas à obra.

As seguintes perguntas ajudam a capacitar uma pessoa a ouvir bem um texto teológico:

- O que o teólogo argumenta na obra? Qual é a tese e quais são os pontos-chave?

- Quais são os termos-chave, importantes para entender a perspectiva do teólogo? Identifique e defina no texto as palavras que você não conhece e as palavras importantes para os argumentos do teólogo.

Com essas perguntas em mente, devemos começar a ler com um lápis, uma caneta ou um teclado à mão. A leitura ativa, assim como a escuta ativa, requer engajamento. Envolve prestar atenção, compreender, interpretar, lembrar, refletir, esclarecer e resumir o que o autor comunica no texto. Assim como na escuta, no entanto, há muitas barreiras que podem interferir. Algumas são externas, como distrações no ambiente, como um barulho alto. Mais frequentemente, no entanto, as distrações são internas. Essas podem incluir preconceitos pessoais, falta de interesse ou de contexto para entender um texto. Marcar o texto ou tomar notas pode ajudar a superar essas distrações e permitir que o leitor se envolva mais profundamente com a leitura. Erasmo de Roterdã, humanista e estudioso bíblico do século 16, aponta o valor da leitura ativa:

> Considero que os amantes de livros não são aqueles que mantêm seus livros escondidos em baús e nunca os abrem, mas sim aqueles que, manuseando-os noite e dia, os folheiam, os desgastam, os estragam, e lhes enchem as margens com anotações dos mais variados tipos, e preferem as marcas de um erro que tenham apagado a um exemplar impecável e cheio de erros.[5]

Um livro cheio de marcas é como um diário intelectual. Mostra seu compromisso com o autor. Mortimer Adler desvenda o processo de marcação de um livro em um artigo que escreveu para o *Saturday Review of Literature*, em 1941, devidamente intitulado "Como marcar

---

5   Desiderius Erasmus. *Correspondence*. v. 1, in: Richard J. Schoeck; Beatrice Corrigan (orgs.). *Collected works of Erasmus* (Toronto: University of Toronto Press, 1974), p. 58.

116 COMO LER TEOLOGIA

um livro".[6] Embora a tecnologia às vezes tenha mudado nosso modo de ler, ainda é importante "marcar" o que se lê. Essa marcação pode assumir a forma de destacar um texto eletronicamente, digitar notas ou usar uma caneta própria para *tablets*. Seja qual for a forma adotada, você deve procurar intencionalmente se envolver com o texto, deixando trechos sinalizados, aos quais você possa retornar para encontrar a tese, os pontos principais, as afirmações de que gostou, os termos-chave e as perguntas que acaso você tenha. Você pode fazer isso sublinhando, destacando, circulando o texto ou fazendo anotações nas margens.

Vamos examinar, com mais profundidade, as questões-chave relacionadas a discernir a visão do teólogo.

O argumento principal: o que o teólogo argumenta na obra?

O objetivo, a alegação ou o "argumento" de uma obra, que geralmente aparece na introdução ou no início do livro, é aquilo que o autor sustenta ser verdadeiro e procura transmitir ao leitor. Muitas vezes associamos a palavra *argumento* a discordância ou debate. Embora um "argumento" possa incluir tudo isso, como é o caso de Erasmo e Lutero em suas obras sobre a natureza da vontade, respectivamente intituladas *Freedom of the will* [A liberdade da vontade] e *Bondage of the will* [O cativeiro da vontade], o termo não se restringe a debate. Antes, devemos entendê-lo como um termo técnico, relacionado ao pensamento crítico.[7]

Um argumento teológico é composto de duas partes: a tese e os argumentos-chave, que explicam por que aquela deve ser considerada verdadeira. Vamos olhar mais de perto para esses dois componentes.

Qual é a tese da obra?

A palavra *tese* deriva da palavra grega *tithenai*, que significa "apresentar, propor algo". A proposição da tese é a alegação ou proposição central que o teólogo apresenta no texto. Essa alegação central é como o

---

6   Esse artigo pode ser lido em Audrey Fielding; Ruth Schoenbach (org.). *Building academic literacy: an anthology for reading apprenticeship* (San Francisco: Jossey-Bass, 2003), p. 179-84.

7   Veja, por exemplo, Simon Blackburn. *The Oxford dictionary of philosophy*. 3. ed. (Oxford: Oxford University Press, 2016), p. 29, que define "argumento" assim: "Argumentar é tecer considerações destinadas a sustentar uma conclusão".

princípio organizador da obra. Serve como a resposta do teólogo a uma questão ou tema crucial. Na maioria das vezes, a proposição da tese vem associada a obras acadêmicas, mas também pode ser encontrada sob formas menos evidentes, como poemas, romances e até mesmo confissões. Uma boa proposição vai além da discussão de um tópico ou exposição de uma perspectiva pessoal. Ela oferece uma opinião embasada que o autor pretende sustentar com provas, sejam estas fatos, evidências bíblicas ou mesmo a experiência.

Quando identificar a tese, é útil sublinhar ou fazer uma linha vertical na margem da obra. Por exemplo, John Milton fornece logo nas primeiras linhas o argumento principal de *Paraíso perdido*, um poema épico sobre o relato bíblico da queda da humanidade:

> *Da rebeldia adâmica, e o fruto*
> *Da árvore interdita, e mortal prova*
> *Que ao mundo trouxe morte e toda a dor*
> *Com a perda do Éden, 'té que homem maior*
> *Nos restaure, e o lugar feliz nos ganhe,*[8]

O poema foi escrito, nas próprias palavras de Milton, para que "eu possa afirmar a Providência Eterna e justificar os caminhos de Deus para os homens".[9] O restante do poema desenvolve o argumento de Milton sobre a justa providência de Deus e a culpabilidade humana na Queda.

Para ajudar a confirmar que entendeu a alegação principal do autor, você deve ser capaz de dizer qual é a tese, de forma concisa e com suas próprias palavras, tomando cuidado para não impor sua opinião à obra. A tese de Milton, por exemplo, poderia ser resumida como "a culpa pela perda do Paraíso cabe à desobediência de Adão, por escolher o fruto proibido em vez de Deus". A reformulação da tese deve preservar o significado original do texto, mostrando que você entendeu com precisão a posição do autor. Quanto mais clara e concisamente você puder parafrasear a tese sem alterar seu significado, melhor. Mortimer Adler aponta que "a pessoa que diz saber o que pensa, mas não consegue expressá-lo, geralmente não sabe o que pensa".[10] Essa mesma afirmação pode ser aplicada a um leitor sem discernimento. Reformular com suas

---

8 John Milton, *Paradise lost* (Chicago: Thompson and Thomas, 1901), p. 9.
9 Milton, *Paradise lost*, p. 10. Tradução de Daniel Jonas extraída da edição da Editora 34.
10 Adler, *How to read a book*, p. 49.

próprias palavras e de forma precisa o argumento principal ajuda a solidificar a compreensão sobre a intenção do autor.

Quais são os pontos-chave?

A segunda parte de um argumento consiste no conjunto de razões ou pontos críticos que o teólogo oferece em apoio à sua tese. Quando for aprender como identificar os pontos-chave, algo que ajuda é olhar além das divisões por seção, dos títulos dos tópicos, das perguntas feitas pelo autor e das frases principais. Embora seja benéfico identificar e "marcar" tudo isso, essas informações não são suficientes para determinar quais são os pontos-chave. Na verdade, sem uma investigação mais aprofundada, essas informações por si só podem ser mal interpretadas e levar o leitor a pensar que o autor apoia uma visão que, na realidade, foi trazida apenas ao diálogo ou está sendo mesmo refutada. Em vez disso, o leitor deve procurar identificar a evidência primária que o autor fornece em apoio à tese.

Por exemplo, John Milton divide a versão de 1674 de *Paraíso perdido* em doze livros, ajudando o leitor a identificar alguns dos principais temas em cada livro: a desobediência do homem, o papel de Satanás, a presciência divina, as batalhas de Satanás, o aviso de Deus, a criação do mundo, a criação do homem, o relacionamento de Adão e Eva, a tentação da parte de Satanás, o Filho como juiz, o Filho como intercessor, a perda do Paraíso e o consolo da promessa de Deus. Se alguém fosse identificar apenas esses temas, e não as proposições, poderia interpretar erroneamente Milton, como se este estivesse sugerindo que Satanás, e não Deus, é o herói desse poema épico. É correto reconhecer que Satanás tem um papel proeminente no poema. Quando os pontos-chave são identificados, no entanto, logo fica evidente que ele não é o herói.

Milton justifica os caminhos de Deus com vários pontos: a importância da obediência a Deus, a hierarquia natural do universo, afirmando a presciência e a providência divinas; mostrando a conexão entre livre-arbítrio e desobediência; apontando como a Queda positivamente revela a graça, a misericórdia e a justiça de Deus; e mostrando como Deus fornece redenção e esperança por meio de seu Filho. Sempre que identificar um ponto-chave, é recomendável fazer uma nota na margem ou em um documento à parte, listando cada ponto-chave pela ordem. Isso ajudará você a entender como o autor desenvolve e fundamenta sua tese.

DISCERNINDO A VISÃO DO TEÓLOGO **119**

Compreendendo os termos teológicos: quais são os termos-chave?

Entender os termos-chave que o autor usa é essencial para realmente compreender um texto teológico. É crucial entender os termos da maneira como o autor os emprega. Sempre que possível, deve-se evitar usar um dicionário, até mesmo um dicionário teológico, para definir os termos-chave, uma vez que o autor pode não estar usando a palavra de acordo com a definição de um dicionário. Embora os recursos externos possam ser úteis para ajudar a entender um termo geral, é igualmente essencial saber como o autor está usando seus termos-chave.[11] Os termos essenciais ajudam a desvendar os argumentos apresentados.

A suposição de que todos os autores usam o vocabulário da mesma forma convencional pode ser uma armadilha particularmente perigosa, em especial quando se está lendo uma obra teológica cujo contexto seja diferente do contexto do próprio leitor. Para reconhecer como uma palavra comum pode significar duas coisas muito diferentes, dependendo do contexto, basta alguém pedir "chips" em um restaurante norte-americano e em um *pub* inglês. Muitas vezes o mesmo acontece com textos teológicos, seja lendo uma tradução ou uma obra escrita em um contexto histórico, eclesiástico, social ou intelectual diferente. Mesmo quando as obras são escritas em um contexto aparentemente igual, autores diversos podem atribuir diferentes significados à mesma palavra.

A palavra *evangélico* exemplifica a importância de se entender a definição dada pelo autor a um termo-chave. O termo *evangélico* é derivado da palavra grega *euangelion*, que significa "evangelho" ou "boas-novas". Se você procurar no dicionário *Merriam-Webster*, encontrará as seguintes definições:[12]

> 1: relativo a, ou de acordo com o evangelho cristão, esp. como é apresentado nos quatro Evangelhos 2: Protestante 3: enfatizando a salvação pela fé na morte expiatória de Jesus Cristo, por meio da

---

11 Para termos gerais, nos trechos em que não for essencial saber como o autor emprega a palavra, pode-se consultar recursos como Justo L. González. *Essential theological terms* (Louisville: Westminster John Knox, 2005); William A. Dyrness; Veli-Matti Kärkkäinen (org.). *Global dictionary of theology: a resource for the worldwide church* (Downers Grove: IVP Academic, 2008); Donald K. McKim. *Westminster dictionary of theological terms* (Louisville: Westminster John Knox, 1996); e Stanley J. Grenz; David Guretzki; Cherith Fee Nordling. *Pocket dictionary of theological terms* (Downers Grove: InterVarsity, 1999).

12 Evangelical. *Merriam-Webster*. Disponível em: www.merriam-webster.com/dictionary/evangelical.

conversão pessoal, a autoridade da Escritura, e a importância da pregação em contraste com o ritual 4: a *maiúscula*: da Igreja Evangélica na Alemanha ou relacionado a ela b *em geral maiúscula*: adepto ou marcado pelo fundamentalismo: Fundamentalista c *em geral maiúscula*: Igreja Baixa 5: marcado por zelo militante ou de cruzada: Evangelístico

Qual dessas definições é a correta, se é que alguma delas é? A palavra *evangélico* pode ter um significado bem diferente, dependendo de quem a está usando e em que contexto. O dicionário por si só não é suficiente para ajudar alguém a discernir como um autor a está usando.

O termo foi usado pela primeira vez, no mundo anglófono, por Sir Thomas More, em 1531, para se referir a defensores da Reforma. Mais tarde, no século 18, foi usado, em sentido genérico, como referência a algo "do evangelho". Em 1723, Isaac Watts, por exemplo, escreveu sobre uma "mudança evangélica de pensamento".[13]

O termo *evangélico* começou a ser usado regularmente na década de 1730, para se referir a qualquer aspecto relacionado ao movimento protestante.[14] O historiador David Bebbington destaca que, após isso, no entanto, *evangélico* passou a ser caracterizado por quatro marcas necessárias: conversionismo (a crença de que vidas precisam ser transformadas), ativismo (empenho na expressão do evangelho), biblicismo (alta consideração pela Bíblia) e crucicentrismo (ênfase no sacrifício de Cristo na cruz).[15]

No final do século 19, o termo ganhou uma associação mais próxima com o "biblicismo". Então, no século 20, o movimento "evangélico" ficou associado a uma experiência de conversão. Afinal, como devemos entender o termo? Embora muitos teólogos se identifiquem como "evangélicos", em geral querem dizer coisas radicalmente diferentes com essa palavra. A falecida escritora e blogueira cristã Rachel Held Evans, por exemplo, a princípio se identificava como "evangélica", embora parecesse questionar a autoridade final da Escritura e

---

13   Citado por D. W. Bebbington. *Evangelicalism in modern Britain: a history from the 1730s to the 1980s* (New York: Routledge, 2015), p. 1.

14   Veja Bebbington, *Evangelicalism in Modern Britain*, p. 1.

15   Veja "What Is an Evangelical?" *National Association of Evangelicals*. Disponível em: https://www.nae.net/what-is-an-evangelical. Bebbington desvenda essas marcas em sua obra *Evangelicalism in Modern Britain: a history from the 1730s to the 1930s*, p. 2-19.

DISCERNINDO A VISÃO DO TEÓLOGO **121**

a exclusividade da cruz, duas das marcas essenciais de Bebbington.[16] Portanto, para entender realmente o que alguém quer dizer com a palavra *evangélico*, devemos examinar a forma específica como é usada.

Como vamos descobrir quais palavras são termos-chave? É evidente que nem todas as palavras são igualmente importantes em um texto. Precisamos nos concentrar apenas nas palavras que têm importância especial para o significado da obra e que, se mal interpretadas, mudariam o significado do texto ou dificultariam sua compreensão.

Você deve começar identificando o significado das palavras que não lhe são familiares. Muitas dessas palavras são frequentemente usadas de acordo com o entendimento comum. É importante, no entanto, não presumir isso, mas sim confirmar seu uso, analisando o texto. Se você não conhece a palavra *Apocrypha* [apócrifos], por exemplo, pode procurar em quase qualquer dicionário e descobrir que se refere a um conjunto de quatorze textos antigos, do Antigo e do Novo Testamento, incluídos na *Vulgata* (uma tradução latina da Bíblia do século 4) e nas Bíblias católico-romanas. Embora nem todas as palavras desconhecidas sejam cruciais para a argumentação, você ainda assim deve procurar entendê-las, uma vez que vão ajudar a compreender o que está sendo lido.

Depois de ter identificado as palavras desconhecidas, é importante descobrir os termos-chave. Eles são palavras ou frases que ajudam a comunicar pressupostos, ideias essenciais, ou a embasar os argumentos do texto. Uma maneira de começar a identificar um termo-chave é examinando os termos intencionalmente ressaltados no texto. Procure palavras que estejam em negrito ou itálico, destacadas em citações,

---

16 Veja, por exemplo, seu livro *Inspired: slaying giants, walking on water, and loving the Bible again* (Nashville: Nelson, 2018), no qual ela escreveu: "Meu objetivo com este livro é recapturar essa magia da Bíblia, mas de uma maneira que honre o texto pelo que é – antigo, complicado, debatido e confuso, tanto universalmente relevante quanto nascido de um contexto e cultura específicos [...] Espero mostrar que a Bíblia pode ser cativante e verdadeira quando tomada em seus próprios termos, evitando tanto o literalismo estrito, por um lado, e, por outro, o liberalismo seguro, desinteressado" (p. xxi-xxii). Ela discute por que não considera a Bíblia plenamente autoritativa ou o cristianismo exclusivo, nas seguintes postagens do blog: "Fizemos da Bíblia um ídolo?", 13 maio 2008, https://rachelheldevans.com/blog/article-1210736874; "Considerações bíblicas para uma visão inclusiva da salvação", 16 nov. 2010, https://rachelheldevans.com/blog/bible-inclusive-salvation-heaven-hell. Mais recentemente, ela se afastou de sua identidade "evangélica", assunto sobre o qual ela escreveu em seu livro *Searching for Sunday: loving, leaving, and finding the church* (Nashville: Nelson, 2015).

escritas em fonte maior, sublinhadas, enfatizadas repetidamente ou explicitamente definidas no texto. Esses são geralmente indicativos de que o autor ou o editor reconhece sua importância.

Outra maneira de identificar os termos-chave é examinando a tese do autor e seus pontos de apoio. Eles contêm termos essenciais? Além disso, o leitor deve procurar por palavras que o autor use no texto de maneira singular. Os teólogos, especialmente os alemães, são famosos por usarem terminologia obscura, ambígua ou até inventada, muitas vezes cunhando novos termos. Por exemplo, as palavras *Trindade, eucaristia, pecado original, depravação total* e *inerrância* não aparecem na Bíblia, nem são palavras populares no português corrente, por exemplo. No entanto, muitos teólogos vieram a aceitar esses termos como cruciais para a fé cristã.

Mesmo uma palavra como *vontade*, aparentemente simples, pode ser um termo-chave. Esse termo, por exemplo, é fundamental para as teologias de Lutero e de Erasmo, embora eles o entendam de maneiras radicalmente diferentes. Em *Bondage of the will* [O cativeiro da vontade], Lutero entende que a vontade é corrupta, pecaminosa e incapaz de agradar a Deus sem a graça divina. Em contraste, em *Freedom of the will* [A liberdade da vontade], Erasmo vê a vontade como o poder discricionário pelo qual um ser humano pode colocar em prática as coisas que levam à vida eterna. Se esse termo não for adequadamente compreendido, a perspectiva de cada autor sobre a condição humana não ficará clara.

Como ilustrado anteriormente, o uso de dicionários pode ser útil para definir palavras desconhecidas no texto; mas os leitores podem se confundir ou ser desencaminhados quando usam dicionários para discernir o significado dos termos-chave usados pelo autor, sem levar em conta o significado pretendido por este. Tal como acontece com a tese e os argumentos centrais, é proveitoso explicar com suas próprias palavras o uso que o autor faz dos termos-chave, tomando cuidado para manter o entendimento do autor. Isso ajudará a confirmar sua compreensão dos termos.

Juntando tudo: um exemplo de como discernir a visão do autor

A Bíblia está livre de erros ou falhas? Se não está, em que medida os erros prevalecem? A inerrância bíblica é um tópico muito debatido entre os evangélicos, pois a Bíblia é central para a fé e a identidade evangélicas. Para muitos evangélicos, a inerrância bíblica é o princípio de identificação central. O livro *Five views on biblical inerrancy* examina "o espectro atual da opinião evangélica" sobre a inerrância.[17]

Ao ler o livro, você logo perceberá que, embora cada autor se identifique em termos gerais como "evangélico", cada um deles tem uma perspectiva diferente em relação à inerrância bíblica. Todos concordam que "Deus graciosamente se acomoda às sensibilidades humanas"; contudo, "divergem no que concerne à maneira, ao grau e à extensão com que Deus o faz".[18] Enquanto dois dos estudiosos, Michael Bird e Peter Enns, sugerem que o conceito de inerrância deveria ser abandonado, os outros três – Albert Mohler, Kevin Vanhoozer e John Franke – apoiam a manutenção de seu uso, embora cada qual tenha uma perspectiva diferente sobre a inerrância bíblica.

Se alguém lesse esse livro presumindo que todos os autores estão usando a definição de *evangélico* e de *inerrância* do dicionário *Merriam-Webster*, não seria capaz de discernir as nuances de cada perspectiva.[19] É apenas quando a tese, os pontos-chave e os termos-chave de cada autor são identificados que podemos realmente verificar como cada um deles responde à pergunta: "Qual é o significado da doutrina da inerrância?".

Enns e Mohler concentram seus argumentos em torno da natureza histórica da doutrina da inerrância e seu lugar na formação da identidade evangélica. Enns procura apontar as falhas em visões mais antigas da inerrância, enquanto Mohler apoia uma perspectiva "inerrantista clássica", alinhando-se com precursores evangélicos do conceito, como B. B. Warfield, Carl Henry e a *Declaração de Chicago sobre a inerrância bíblica*.

Em contrapartida, o estudioso australiano Michael Bird, embora apoie a inerrância, alega que o conceito é "paroquialmente norte-americano em seu contexto" e impõe uma terminologia estranha à Escritura. Em vez disso, ele sugere usarmos os conceitos de *"infalibilidade* e *autoridade* da Escritura".[20] Da mesma forma, Kevin Vanhoozer

---

17   Stanley N. Gundry; J. Merrick; Stephen M. Garrett (orgs.). *Five views on biblical inerrancy* (Grand Rapids: Zondervan, 2013), p. 23.

18   Gundry, Merrick; Garrett (orgs.), *Five views on biblical inerrancy*, p. 318.

19   *Merriam-Webster* define *inerrância como* "isenção de erro" (disponível em: www.merriam-webster.com/dictionary/inerrancy).

20   Gundry, Merrick; Garrett (orgs.), *Five views on biblical inerrancy*, p. 145-6.

reafirma o conceito, mas propõe o que chama de uma "inerrância bem versada", que atue no sentido de humilhar o leitor diante do texto.[21]

O último autor, John Franke, um evangélico que se diz "pós-conservador", recomenda uma "reformulação" da inerrância que veja a Bíblia como "testemunha da pluralidade missional". Seu capítulo retrata a verdade da Palavra de Deus como um evento vinculado à obra do Espírito Santo, em vez de uma proposição.[22]

O argumento de cada autor nesse livro procura persuadir os leitores evangélicos a entender a veracidade e o propósito da Palavra de Deus. A variação de perspectivas sobre a inerrância só pode ser entendida e avaliada quando se escutam bem os argumentos de cada autor. Como Mortimer Adler diz, e com razão: "A comunicação bem-sucedida ocorre sempre que aquilo que o escritor queria que fosse recebido consegue chegar às mãos do leitor".[23]

Conclusão

Como dizia o filósofo grego Epiteto: "Temos dois ouvidos e uma boca para que possamos ouvir duas vezes mais do que falamos".[24] Infelizmente, muitas vezes valorizamos mais a boca do que os ouvidos. Em uma cultura saturada por mídias sociais, que incentiva as pessoas a "dizerem o que pensam", ouvir bem pode ser desafiador. No entanto, a Escritura suplica que façamos justamente isso. Provérbios 20:12 nos ajuda a reconhecer que Deus nos fez com "ouvidos que ouvem e olhos que veem".

Como ouvir bem os autores que lemos? Certamente não será deixando nossos livros com páginas limpas, impecáveis e encadernações perfeitas. Pelo contrário, precisamos realmente interagir com o texto, procurando ouvir o argumento do autor antes de responder a ele. Erasmo de Roterdã descreve os amantes de livros como pessoas que fazem precisamente isso.

Se queremos discernir as verdades contidas nas obras teológicas, devemos identificar a tese do autor, seus pontos-chave e termos críticos, para que possamos verdadeiramente compreender o argumento

---

21 Gundry, Merrick; Garrett (orgs.), *Five views on biblical inerrancy*, p. 204.

22 Gundry, Merrick; Garrett (orgs.), *Five views on biblical inerrancy*, p. 259, 270-3, 276.

23 Adler, *How to read a book*, p. 6.

24 Citado por Holmes, "9 things good listeners do differently".

apresentado. Nossa incapacidade de discernir está, via de regra, ligada à nossa incapacidade de ouvir genuinamente o autor, para que possamos assim escutar sua mensagem. Se não pudermos repetir o argumento do autor com nossas próprias palavras, então, provavelmente não o ouvimos de verdade.

Questões para discussão e reflexão

1. A boa comunicação, ou seja, a comunicação que envolve ouvir ativamente e estar aberto a considerar a perspectiva de outra pessoa, é um elemento essencial da verdadeira amizade e da sabedoria. Ler bem teologia, assim como ouvir ativamente, é uma arte que exige empenho, habilidade e atenção. Quais são algumas coisas que impedem você de ouvir bem um teólogo?

2. Erasmo de Roterdã escreveu: "Considero que os amantes de livros não são aqueles que mantêm seus livros escondidos em baús e nunca os abrem, mas sim aqueles que, manuseando-os noite e dia, os folheiam, os desgastam, os estragam, e lhes enchem as margens com anotações dos mais variados tipos, e preferem as marcas de um erro que tenham apagado a um exemplar impecável e cheio de erros". Erasmo consideraria você um "amante de livros"? O que a condição em que seus livros se encontram revela sobre suas práticas de leitura?

3. Um livro cheio de anotações é como um diário intelectual, pois revela a interação do leitor com o texto. Cite três lições práticas deste capítulo que ajudarão você a manter, de forma mais eficaz, um "diário intelectual" das obras teológicas lidas.

4. A palavra *argumento* é muitas vezes entendida como um termo depreciativo, relacionado a uma atitude mental de oposição. Do que um argumento teológico é constituído em geral? Como podemos diferenciá-lo do uso depreciativo do termo?

5. É comum confundirmos um tema ou uma questão teológica com a tese de um teólogo. Qual é a diferença entre os dois? O que faz uma tese ser boa?

6. Este capítulo adverte contra vermos as divisões por seção ou título em uma obra teológica como pontos-chave. Por quê? Como os pontos-chave diferem disso?

7. Compreender os termos-chave usados pelo autor é essencial para realmente entender um texto teológico. Dê um exemplo de uma palavra comum que, se mal compreendida, muda o significado do que está sendo comunicado.

8. Mortimer Adler insiste que "a pessoa que diz saber o que pensa, mas não consegue expressá-lo, geralmente não sabe o que pensa". Como podemos aplicar essa afirmação à leitura? Que passos práticos você poderia dar com a próxima obra teológica que for ler, a fim de expressar que ouviu direito o texto?

9. O filósofo grego Epiteto afirmou que "temos dois ouvidos e uma boca para que possamos ouvir duas vezes mais do que falamos". Cite uma maneira pela qual você pode procurar ouvir de forma mais ativa esta semana, tanto em suas leituras quanto em sua comunicação com outras pessoas.

Adote a prática de discernir a visão do autor

O que o teólogo busca comunicar?

1. Analise brevemente uma obra teológica e responda às seguintes perguntas:
   - O que o teólogo está defendendo na obra?
   - Qual é a tese da obra? Reformule resumidamente a tese com suas próprias palavras. (O ideal são uma ou duas frases.)
   - Quais são os pontos-chave da obra? Reformule-os resumidamente com suas próprias palavras.

2. Quais são os termos-chave, importantes para entender a perspectiva do teólogo?
   - Identifique e defina as palavras do texto que você não conhece.
   - Identifique e defina as palavras importantes para os argumentos do teólogo.

3. O que todas essas informações dizem a você sobre o que o teólogo busca comunicar?

CAPÍTULO 8

AVALIANDO: AFERINDO E APLICANDO A OBRA TEOLÓGICA

A doutrina forma discípulos quando ajuda a igreja a encarnar o papel de sua nova vida em Cristo.
Kevin Vanhoozer, Faith speaking understanding[1]

Não se conformem com este mundo, mas sejam transformados pela renovação da sua mente, para que possam experimentar e discernir a boa, agradável e perfeita vontade de Deus.
Romanos 12:2

Qual é o valor da obra?

Como fazemos nossos julgamentos? Podemos achar que eles se baseiam no pensamento racional. A pesquisa científica, no entanto, sugere o contrário. Pense em uma entrevista de emprego, por exemplo. Você pode ter passado muitas horas se preparando para ela. Mas, antes mesmo de cumprimentar você, seu empregador em potencial já pode ter decidido se vai ou não o contratar. Essa decisão provavelmente não foi tomada com base em seu currículo, suas referências ou em qualquer coisa que você disse. O mais provável é que esteja ligada à primeira impressão que o entrevistador teve de você.

---

[1] No Brasil: *Encenando o drama da doutrina* (São Paulo: Vida Nova, 2016).

Estudos revelam que, mesmo quando já reunimos muitas informações, a primeira impressão ou intuição costuma ser o principal fator nas decisões que tomamos. Estamos constantemente fazendo julgamentos. Nossos julgamentos precipitados podem afetar quem contratamos, em quem votamos ou até mesmo com quem namoramos. Pense no capítulo 1, no qual consideramos a decisão do Museu Getty de comprar ou não um *kouros* grego supostamente antigo. As primeiras impressões são importantes, mesmo para especialistas. Nossa intuição natural pode nos guiar pelo caminho certo ou nos enganar. Isso também vale para questões de fé. Por isso é tão importante dedicar tempo para identificar nossos preconceitos e avaliações iniciais, bem como abrir-se para reavaliá-los, procurando assim treinar a mente e o coração para discernir o que é verdadeiro e bom (Romanos 12:2).

Esse princípio se aplica à avaliação das obras teológicas. A cultura atual frequentemente passa mensagens negativas sobre julgar, encorajando as pessoas a aceitarem mais outras perspectivas religiosas. Mesmo entre cristãos, Mateus 7 é bastante citado como uma razão para não julgar as crenças dos outros. Quando se trata de obras teológicas, porém, a Escritura deixam claro que devemos discernir o ensino verdadeiro do falso (Lucas 6:43-45; Atos 20:28; 1João 4). Além disso, querendo ou não, a partir do momento em que pegamos um livro, já estamos o avaliando. A verdadeira questão que deveríamos fazer, contudo, é esta: *Como* devemos julgar as coisas? Em outras palavras, como podemos reconhecer e diferenciar um *kouros* genuíno de uma falsificação? Ou, no caso da teologia, como podemos encontrar a verdade?

A avaliação do valor de uma obra não deve nos levar a fazer julgamentos precipitados sem nenhum preparo, ou emitir opiniões pessoais ou preferências subjetivas. Os capítulos anteriores traçaram um plano para a investigação cuidadosa de uma obra, com o objetivo de treinar o leitor a *fazer as perguntas* certas e orientá-lo em *como* encontrar as respostas. Ao longo do processo de análise das características textuais, do contexto, do arcabouço teológico, das fontes e das perspectivas do teólogo, você chegará a uma imagem melhor *daquilo que* o autor está realmente comunicando.

Analisar uma obra deve ser como dedicar um tempo a conhecer uma pessoa, ouvindo suas ideias, fazendo perguntas para esclarecer alguns pontos e escutando com cuidado suas respostas. Uma vez que o árduo trabalho de inspeção cuidadosa esteja terminado e você tenha se familiarizado com a obra teológica, estará em melhor posição para avaliá-la de forma mais completa, precisa e responsável, reconhecendo seu valor.

É digno de nota que o valor de uma obra teológica não reside meramente em quanto ela é fácil de ler ou em quanto está intimamente alinhada com as crenças do leitor. Em última análise, seu valor está em como ela leva você a conhecer e a amar verdadeiramente a Deus e aos outros (Mateus 22:36-40). Às vezes, isso acontece quando a obra direciona você para a verdade; outras vezes, quando ajuda a mostrar falhas em seu pensamento, lança luz sobre doutrinas difíceis, esclarece conceitos ou conscientiza dos perigos de sustentar crenças antibíblicas. As etapas a seguir podem treinar sua mente e seu coração para avaliar, de forma adequada, as obras teológicas:

- Continue a orar por discernimento.

- Teste e avalie o texto em comparação com a Escritura.

- Identifique o sentido prático das ideias no texto.

- Descubra o valor da obra e suas implicações.

Embora devamos, ao longo do processo de leitura, orar, colocar à prova e procurar compreender um texto, bem como descobrir o valor, as implicações e a aplicação de uma obra, a avaliação final deve acontecer após as questões iniciais terem sido completamente abordadas. Esse processo ajudará a corrigir julgamentos precipitados e infundados, sejam eles positivos ou negativos. O processo de avaliação nos permite reexaminar um texto em oração e de forma lógica. Ou, nas palavras de Kevin Vanhoozer: "A doutrina forma discípulos quando ajuda a igreja a encarnar o papel de sua nova vida em Cristo".[2]

Iniciando o processo de reavaliação

Antes de concordarmos com uma pessoa ou discordarmos dela com sabedoria, devemos nos certificar de que entendemos adequadamente o que foi dito. Como disse Mortimer Adler: "Concordar sem compreender é tolice. Discordar sem entender é atrevimento".[3] Julgar uma obra sem antes lê-la em espírito de oração, usando as ferramentas de discernimento, é como dar uma opinião sobre um alimento sem tê-lo provado.

---

2   Kevin J. Vanhoozer. *Faith speaking understanding: performing the drama of doctrine* (Louisville: Westminster John Knox, 2014), p. 6.

3   Mortimer J. Adler; Charles Van Doren, *How to read a book* (New York: Simon & Schuster, 1972), p. 143.

130   COMO LER TEOLOGIA

Imagine pedir a uma pessoa sem paladar que escreva uma crítica sobre um restaurante. Para ser um crítico gastronômico qualificado, é preciso ter não apenas paladar, mas um apurado. Uma vez terminado o árduo trabalho de inspeção cuidadosa, o leitor estará em melhor posição, como o crítico gastronômico qualificado, para avaliar o valor da obra.

Quando começar sua reavaliação, lembre-se de buscar o conselho de Deus em oração. A oração reconhece nossa dependência de Deus para conhecer a verdade e vivê-la. A prática da oração convida o Espírito Santo a se envolver no processo de discernimento. Em sua reavaliação, você também deve revisar as informações que já reuniu.

Seguem algumas perguntas úteis que podem direcionar você no processo de reavaliação:

- Como a formação, os pressupostos, o contexto e a audiência do teólogo condicionam as ideias do texto?

- Qual impacto o arcabouço teológico tem sobre as ideias do texto?

- Como o uso que o teólogo faz das fontes afeta sua interpretação da Escritura?

- Quão bem o teólogo embasa seus pontos de vista teológicos?

Revisar o texto tendo em mente essas informações ajudará a preparar o leitor a avaliar o texto com mais precisão e, assim, evitar basear sua avaliação em julgamentos precipitados e equivocados.

Aprofundando-se no processo de avaliação

O que é coerência, veracidade e significado de um texto?

Tendo iniciado o processo de reavaliação ao rever a obra, você pode, em espírito de oração, passar a avaliá-la por completo. Avaliar uma obra é mais como escrever a resenha de um livro do que fazer um fichamento. Embora os fichamentos sejam úteis para sintetizar o conteúdo, geralmente carecem de uma avaliação crítica e prática de uma obra. Ainda que um fichamento possa conter algumas opiniões pessoais sobre um livro, geralmente lhe falta uma análise aprofundada da obra. Para ir além do mero fichamento de uma obra teológica, a pessoa deve fazer uma investigação mais aprofundada de sua *coerência*, *veracidade* e *significado*. Cada uma dessas categorias será explicada a seguir.

AVALIANDO **131**

Coerência

Quão coerente é o texto teológico?
Coerência é a condição de consistência interna. Em outras palavras, algo é coerente quando faz sentido em nível fundamental. Um argumento coerente é aquele comunicado de maneira incontestável. Ele é claro, lógico, completo, consistente e compreensível. "Todos os solteiros não são casados" é uma afirmação coerente. É compreensível e lógica. Da mesma forma, textos teológicos bem escritos devem ser coerentes. Devem comunicar visões teológicas de forma clara e inteligível e dar-lhes sustentação. Coerência é uma questão de estrutura e de conteúdo. Ao avaliar a coerência de uma obra teológica, você está procurando determinar quão bem o autor comunica seus pontos de vista.

Seguem algumas perguntas que ajudam a avaliar a coerência de uma obra teológica:

- Quão inteligível é a obra teológica?
- Quão claras e consistentes são as alegações do teólogo?
- Quão bem definidos estão os termos-chave do texto?
- Quão bem o teólogo embasa suas alegações?

Quando avaliar a coerência de uma obra teológica, é importante lembrar que se está verificando a proficiência do autor em comunicar conhecimento teológico. Nessa etapa, você não deve se concentrar em avaliar a veracidade da obra. Uma obra pode ser inteligível, ter argumentos claros e consistentes, termos-chave bem definidos e sustentação lógica, e ainda assim ser falsa. O inverso também pode ser verdadeiro. Um teólogo pode expressar seus pontos de vista de forma enigmática e sem uma sustentação clara, mas ainda assim estar falando a verdade.

Por exemplo, o seguinte argumento é logicamente inválido, embora a conclusão seja verdadeira:

1. Deus criou os céus e a terra.

2. Deus libertou seu povo do Egito.

3. Portanto, Jesus morreu pelos pecados do mundo.

Embora as premissas (1 e 2) e a conclusão (3) estejam corretas, a conclusão não se segue das premissas.

Em contrapartida, é possível elaborar o seguinte argumento *válido* cuja conclusão é *falsa*:

1. Todo ser humano é pecador.

2. Jesus é humano.

3. Portanto, Jesus é pecador.

Embora esse argumento seja logicamente válido (pois a conclusão decorre das premissas), ele é falso. Do ponto de vista bíblico, as duas primeiras premissas estão corretas. No entanto, a conclusão é equivocada. Como a Escritura testifica, todos os seres humanos são pecadores (Romanos 3:23), e Jesus era plenamente humano (Gálatas 4:4), mas Jesus nasceu sem pecado e nunca pecou (Hebreus 4:15). Assim, a presença ou a ausência de estrutura lógica não indica, por si só, se os argumentos de um teólogo são verdadeiros ou falsos.

Muitas obras teológicas importantes carecem de total coerência, mas, não obstante, são fontes valiosas de verdade. Por exemplo, *Interior castle*,[4] obra mística de Santa Teresa d'Ávila, carece de estrutura lógica e de definições claras, mas ainda assim serve a um propósito valioso de conduzir as pessoas à contemplação em oração e à intimidade com Cristo. Contudo, ainda se faz necessário considerar quão coerente é uma obra teológica. A coerência de uma obra teológica ajuda o leitor a acessar as ideias nela contidas.

Veracidade

Quão verdadeira é a obra?

Deus e as palavras de Deus são sempre verdadeiros (João 17:17). Infelizmente, o mesmo não pode ser dito sobre os seres humanos, mesmo os piedosos. Como Números 23:19 corretamente declara: "Deus não é homem para que minta, nem filho do homem para que mude de ideia. Ele não fará o que disse? Ou ele não cumprirá o que falou?". A Escritura nos alerta a não acreditar em todos os teólogos (Mateus 7:15; 24:4-5; 1João 4.1). Mesmo aqueles que desejam defender a verdade de Deus podem cometer erros. Boas intenções não bastam.

Portanto, é essencial colocar à prova, em espírito de oração, todas as ideias de um teólogo em contraste com a verdade bíblica. Como Pedro proclama, a Escritura é a Palavra de Deus trazida pelo Espírito Santo. Não consiste em "fábulas engenhosamente inventadas" (2Pedro 1.16). A veracidade bíblica deve ser o principal critério para avaliar uma obra teológica. Também é vital examinar a veracidade lógica de uma obra.

---

4 No Brasil: *Castelo interior* (São Paulo: Paulus, 1981).

Eis algumas perguntas que ajudam a discernir a veracidade de um texto teológico:

- Os pressupostos do teólogo são verdadeiros? Analise quão bíblicos são os pressupostos do autor e como eles impactam a obra.

- As ideias do autor são derivadas da Escritura ou consistentes com ela? Examine o texto para descobrir se o autor está alegando verdades bíblicas, ou apenas fazendo uso de textos-prova, ou expressando ideias inconsistentes com a Escritura.

- O teólogo fundamenta bem seus pontos de vista? Avalie se as ideias da obra são baseadas meramente na opinião pessoal ou na experiência subjetiva do autor, ou se estão fundamentadas na Palavra de Deus ou em outros meios objetivos.

- Os argumentos do autor são logicamente válidos? Considere se são argumentos logicamente válidos, com premissas verdadeiras que levam a conclusões verdadeiras.

- O tom e o conteúdo do texto mostram a sabedoria do Espírito ou o espírito deste mundo? Veja se o texto exibe a sabedoria espiritual (Colossenses 1:9-10) e o fruto do Espírito (amor, alegria, paz, paciência, amabilidade, bondade, fidelidade, mansidão, domínio próprio; Gálatas 5:22-25), que glorificam a Deus, ou, pelo contrário, mundanismo e pecado (como vaidade, discórdia, inveja; Gálatas 5:19-25), coisas que são hostis a Deus e não se submetem à sua lei (Romanos 8:3).

Essas perguntas podem ajudar a orientar sua avaliação. É essencial ter em mente, entretanto, que a veracidade de uma obra não depende do tipo nem mesmo se ela cita diretamente a Escritura. Um poema vagamente baseado na Escritura, por exemplo, pode ser mais fiel à verdade bíblica do que uma obra exegética. Uma comparação do poema "Love (III)" [Amor (III)], de George Herbert, com uma exposição do livro de Gênesis, da autoria de Mary Baker Eddy, exemplifica esse ponto. Abaixo está o poema de Herbert:

> *O Amor me deu boas-vindas; ainda assim, minha alma recuou,*
> *Culpada de pó e pecado.*
> *Mas, ligeiro,*
> *O Amor, observando-me relaxar*
> *Desde a minha primeira entrada,*

134 COMO LER TEOLOGIA

Aproximou-se de mim, docemente questionando
Se me faltava alguma coisa.

Um convidado, respondi, digno de estar aqui:
O amor disse: Você é esse convidado.
Eu, o rude, o ingrato? Ah, meu caro,
Sequer posso olhar para você.
O Amor pegou-me pela mão e, sorrindo, respondeu:
Quem fez os olhos senão eu?

Verdade, Senhor, mas eu os maculei: deixe que minha vergonha
Vá para onde merece.
E você não sabe, disse o Amor, quem carregou a culpa?
Meu caro, sendo assim, vou servir.
Você deve se sentar, diz o Amor, e provar da minha carne:
Então, eu me sentei e comi.[5]

Embora, à primeira vista, esse poema não pareça ser baseado em uma passagem bíblica, na verdade ele ecoa Lucas 12:37 (KJV), que contém a frase: "ele [...] fará com que se sentem para comer". Como Chana Block corretamente aponta: "A Bíblia fornece [para Herbert] os meios pelos quais uma experiência é traduzida em palavras e dotada de forma poética. O assunto é concebido biblicamente, por assim dizer, e expresso biblicamente: a situação dramática, as imagens, a tensão de ideias, a própria forma do enredo, tudo tem sua fonte na Bíblia".[6]

O poema de Herbert apresenta o retrato bíblico do amor de Deus, demonstrado no convite de Deus ao pecador, para que coma com ele. Seu uso da metáfora bíblica do banquete (encontrada em Cântico dos Cânticos 2:4; Isaías 25.6-9; Mateus 22.1-14; etc.) também lembra a narrativa do filho pródigo, em Lucas 15:11-32, na qual o pai gracioso acolhe o filho rebelde em casa e derrama seu amor incondicional sobre ele. De modo experiencial, Herbert pinta um quadro das verdades bíblicas da depravação e da vergonha humanas, e da oportunidade dada ao pecador para aceitar a misericórdia, a graça e o amor de Deus.

A poesia de Herbert está repleta de verdades bíblicas. Em contraste, os sermões e escritos de Mary Baker Eddy, coalhados de citações bíblicas,

---

5 George Herbert. *The poetical works of George Herbert* (Edinburgh: Nichol, 1857), p. 200.

6 Chana Bloch. George Herbert and the Bible: A Reading of 'Love (III)'. *English Literary Renaissance* 8, n. 3, outono 1978, p. 329-40.

AVALIANDO **135**

estão cheios de ideias heréticas. A fundadora da Christian Science afirma que a Bíblia é a única autoridade, mas, de maneira contraditória, ela defende sua revelação divina como fonte primária de verdade e, frequentemente, fornece interpretações próprias e espiritualizadas de passagens bíblicas. Suas "revelações científicas", registradas no livro *Science and health* [Ciência e saúde], servem de "chave" para entender a Escritura.

Essa abordagem fica evidente em sua compreensão da criação da humanidade no livro de Gênesis. Ela insistiu que, enquanto o primeiro capítulo de Gênesis descreveu corretamente a humanidade como criada à imagem de Deus, o segundo capítulo era uma "falsa história em contraposição à verdadeira". Ela afirmou que Gênesis 2, "que retrata o Espírito como tendo supostamente cooperado com a matéria na construção do universo, é baseado em alguma hipótese de erro".

Sua compreensão de Gênesis questionou o modo como se deu a Criação, a Queda e até mesmo a necessidade de salvação, como evidenciado em sua pergunta retórica: "A vida, a verdade e o amor produzem morte, erro e ódio? O Criador condena sua própria criação?"[7] Antes, afirmou ela, a única esperança de perdão e salvação reside no fato de a pessoa eliminar todos os pecados (crenças falsas e o comportamento que elas geram) de sua vida.[8]

Quando alguém compara o ensino de Eddy com o de Herbert, fica evidente que citações bíblicas não são suficientes para tornar uma obra bíblica ou verdadeira. As ideias devem ser derivadas da Escritura ou consistentes com ela. A Escritura é a melhor intérprete de si mesma, e não "revelações científicas" particulares.

Além disso, é crucial reconhecer que mesmo que um texto teológico ou uma ideia não seja diretamente derivado da Escritura, ainda pode conter a verdade. Por exemplo, na obra *Still following Christ in a consumer society* [Continuando a seguir Cristo na sociedade do consumo], o padre jesuíta John Kavanaugh faz críticas importantes sobre a influência negativa que a cultura do consumo tem exercido sobre a igreja e o mundo.

Embora a Escritura seja a fonte da verdade e a autoridade final em questões de verdade, algumas verdades podem ser conhecidas

---

7   Mary Baker Eddy. *Science and health with key to the Scriptures* (1875; reimpr., Boston: Christian Science Board of Directors, 2006), p. 522.

8   Veja Eddy, *Science and health*, p. 40.

naturalmente por meio da graça comum de Deus. Como declara a Escritura, "Os céus proclamam a glória de Deus, e o firmamento anuncia a obra de suas mãos" (Salmos 19:1). Essas verdades, no entanto, não podem contradizer a revelação de Deus na Palavra. Tudo deve ser colocado à prova em face da Escritura (1Tessalonicenses 5:21).

Significado

Qual é o significado das ideias/princípios teológicos no texto?
As etapas anteriores para quem lê teologia enfocaram principalmente a investigação factual, conceitual e crítica. Examinar o *significado* de uma obra teológica, entretanto, ultrapassa esses modos de investigação, rumo a um mais prático. Engajar-se nesse modo de investigação vai além de ler para encontrar fatos, sentido, coerência, veracidade, ou mesmo determinar a credibilidade de uma obra. Os textos teológicos podem ser coerentes e verdadeiros, e ainda assim não proveitosos para a fé e a prática cristãs. Portanto, é imprescindível avaliar o significado de uma obra teológica buscando descobrir seu valor prático e espiritual.

Seguem algumas perguntas que podem ajudar a desvendar o significado de uma obra:

- Como essa obra teológica impacta nossa visão de Deus, de nós mesmos e nossa compreensão do mundo? Examine como ela leva as pessoas ao verdadeiro conhecimento de Deus, da humanidade e do mundo.

- Qual é o significado das ideias teológicas para o indivíduo, a igreja e o mundo? Procure determinar como a mensagem do texto pode ser aplicada ao contexto original e ao contexto atual.

- Como o texto teológico aponta para Cristo e promove o evangelho? Examine se a obra ajuda a despertar os pecadores a crerem e permanecerem em Cristo.

- Quão espiritualmente benéficas ou prejudiciais são as ideias do texto? Veja se a obra incentiva o crescimento espiritual e como prepara as pessoas para a adoração cristã e o serviço a Deus.

- Por meio de quais princípios o texto incentiva os cristãos de hoje a viverem? Analise se os princípios que ela defende são bíblicos ou não.

No processo de avaliação, é essencial reconhecer que o valor de uma obra não depende apenas do fato de alguém concordar com ela, ou mesmo de saber se ela está fundamentada na Escritura. Deve-se também considerar se a obra constrange ou não o leitor a pensar corretamente, a viver com piedade e render a adoração devida a Deus. Interagir com textos que podem até desafiar aspectos da fé ou da prática cristãs pode ser um exercício valioso.

Por exemplo, Friedrich Nietzsche, um dos críticos mais notórios do cristianismo, rejeita a veracidade da fé cristã; entretanto, as questões que ele levanta a respeito do livre-arbítrio, da moralidade e do valor da religião ainda têm importância prática para o leitor cristão. A investigação prática permite que o leitor interaja com pensadores como Nietzsche em um nível mais profundo, reconhecendo o valor de sua perspectiva, mesmo que seus pontos de vista sejam diferentes. O processo avaliativo exige que o leitor vá além do pensamento crítico – no qual se lê um texto principalmente para criticá-lo – e, em vez disso, procure interagir com os teólogos de maneira mais dialógica.

Quando se tenta determinar o significado da obra, deve-se perguntar que crescimento pode decorrer da interação com o texto. Esse tipo de investigação será discutido mais detalhadamente na próxima seção, que trata da aplicação dos escritos teológicos.

Significado prático

Quais são as implicações práticas e as possíveis aplicações da obra?
Ler teologia nunca deve ser um fim em si mesmo. Se o propósito de ler teologia não é o conhecimento mundano, mas a sabedoria divina – ou, como diz João Calvino, o "conhecimento de Deus e de nós mesmos"[9] –, então não basta ler teologia simplesmente para fins de compreensão ou mesmo de avaliação. Devemos também procurar descobrir o significado prático de um texto teológico no que diz respeito à nossa visão de Deus, de nós mesmos e do mundo em que vivemos.

Descobrir as implicações e aplicações dos conceitos teológicos é fundamental para o crescimento cristão. A teologia não deve ser apenas compreendida, mas também vivida. O propósito da teologia é alcançar conhecimento verdadeiro que leve à devida adoração, à

---

9   *Inst.*, l.i.i.

138 COMO LER TEOLOGIA

renovação espiritual e ao serviço fiel. Como Kelly Kapic avalia acertadamente: "Não existe algo como uma teologia desencarnada. Toda teologia é vivida [...] Há essa inevitável dinâmica de vaivém entre nossas experiências e nosso pensamento". Onde a teologia realmente importa é "no meio de pessoas reais e de circunstâncias reais".[10] Portanto, é vital fazer a pergunta: "E então?". Em outras palavras, quais são as implicações e aplicações do que está sendo comunicado no texto teológico?

Vamos expor mais essa ideia com as seguintes perguntas:

- Quais são as implicações práticas da obra teológica para o indivíduo, a igreja e a sociedade? Identifique as consequências ou os resultados de manter essas visões e colocá-las em prática.

- De que modo a obra teológica é relevante para os problemas e desafios que a pessoa comum ou a igreja enfrenta? Em outras palavras, analise como os conceitos teológicos se relacionam com a vida real.

- Que tipo de impacto os conceitos teológicos têm sobre a identidade e as práticas da igreja? Analise como as ideias impactam de forma prática a adoração, o evangelismo, o ministério e o serviço.

- Como essa obra contribui, de forma prática, para amar a Deus e ao próximo (Mateus 22:37-39)? Observe como ela constrange você, de forma prática, a amar a Deus e aos outros por meio do poder do Espírito Santo.

- Como essa obra estimula alguém, de forma prática, à maturidade em Cristo (Colossenses 1:28)? Determine quais conceitos da obra são espiritualmente enriquecedores e devem ser assumidos, e quais devem ser descartados ou mesmo refutados.

- Como os conceitos contribuem para que o mundo se torne aquilo que Deus pretende que ele seja? Procure discernir como os conceitos da obra podem ou não ser usados para transformar o mundo de forma prática, segundo a vontade de Deus para a criação.

- De que modo a obra esclarece, ilumina ou defende verdades bíblicas e teológicas, sejam de hoje, sejam da história da igreja? Analise como a obra ajuda você a compreender ou expressar verdades teológicas.

---

10 Citado por Richard Doster. "Practical theology: our interview with Dr. Kelly M. Kapic". *By Faith*, 14 jan. 2013. Disponível em: https://byfaithonline.com/practical-theology.

■ A obra me ajuda a entender um ponto de vista, uma ideia ou um movimento que pode ser significativo, ainda que não seja teologicamente ortodoxo? De que modo a obra pode aprofundar sua visão ou compreensão da teologia.

A intenção dessas perguntas é nos ajudar a discernir os benefícios práticos de dialogar com textos teológicos. Percebemos a importância desse processo quando lemos teologia escolástica medieval. Vários leitores contemporâneos muitas vezes lutam para ver o valor da teologia escolástica, em razão de sua natureza abstrata e teórica, que tende a oferecer menos implicações diretas para a fé e a vida diária.

Basta examinar a longa digressão de Anselmo sobre os anjos, em *Cur Deus Homo? (Por que Deus se tornou homem?)*, para ver por que a teologia escolástica tem sido criticada como não prática. Anselmo fala sobre o número de anjos que se rebelaram contra Deus e se o mesmo número de seres humanos os substituirá. Embora essa discussão sobre anjos pareça especulativa, ela não está completamente esvaziada de relevância. Nesse diálogo, Anselmo levanta questões cruciais sobre a justiça de Deus, a condição caída dos seres humanos e de alguns anjos (incluindo Satanás), a redenção da humanidade segundo a vontade de Deus e a incapacidade da humanidade de pagar sua dívida para com Deus.

Essa digressão compele o leitor a ver que Deus governa com justiça todo o cosmo e que toda criatura racional (incluindo os anjos) está sujeita à sua vontade. Essa ideia tem um significado particular para contextos culturais que muitas vezes descartam o sobrenatural e a soberania de Deus, e tendem a ser muito centrados no ser humano. Devemos, no entanto, ter cuidado com a apropriação sem discernimento de suas ideias teológicas. Por exemplo, empregar o método do "raciocínio do numericamente perfeito" de Anselmo, sem se preocupar com seu mérito bíblico, pode levar a ver um falso significado em números.

Como J. I. Packer corretamente aponta, o conhecimento doutrinário e o significado prático devem andar de mãos dadas, especialmente no que diz respeito ao florescimento espiritual.

> Preocupar-se em obter o conhecimento teológico como um fim em si mesmo [...], sem nenhum motivo mais sublime do que o desejo de saber todas as respostas, é um caminho certo para um estado de autocontentamento de quem ilude a si mesmo. Precisamos proteger nosso coração de tal atitude e orar para sermos afastados dela [...]

Não pode haver saúde espiritual sem conhecimento doutrinário; mas é igualmente verdade que não pode haver saúde espiritual com conhecimento doutrinário se este for buscado por propósitos errados e valorizado por critérios errados. Desse modo, o estudo doutrinário pode realmente se tornar um perigo para a vida espiritual, e nós, hoje, não menos que os coríntios da antiguidade, precisamos estar alerta para esse aspecto.[11]

Quando Jesus chamou seus seguidores para serem seus discípulos, queria que eles o conhecessem não apenas intelectualmente, mas também que o seguissem em todos os âmbitos da vida. Ele proclamou: "Se alguém quer vir após mim, a si mesmo se negue, tome a sua cruz e siga-me" (Mateus 16:24). Em última análise, a teologia deve nos compelir a fazer exatamente isto: seguir a Cristo. Como John Webster explica, "teologia verdadeiramente teológica" testemunha com alegria a verdade do evangelho – "a regra de adoração, confissão e ação da Igreja [...] e de sua compreensão da natureza e da realidade humana".[12]

Juntando tudo: um exemplo de como avaliar e aplicar a teologia

No semestre de inverno de 1899-1900, Adolf von Harnack proferiu na Universidade de Berlim uma série de palestras importantes, que visavam responder à seguinte pergunta: "O que é o cristianismo?". Os estudiosos já haviam previamente procurado a resposta para essa pergunta na Bíblia ou nos credos de suas igrejas. Para Von Harnack, entretanto, o método histórico-crítico era a abordagem teológica mais confiável, cujos resultados eram verdadeiros.

Nessas palestras, o estudioso alemão, filho do estudioso luterano Theodosius Harnack, procurou retirar de Cristo e da igreja a "casca" dos ensinamentos culturalmente vinculados, a fim de descobrir o "núcleo" ou as verdades eternas da fé cristã. Von Harnack rejeitou conscientemente o cristianismo dos credos e das confissões, e até mesmo o dos Evangelhos, afirmando que o dogma cristão (os artigos de fé) e a Escritura tinham sido influenciados por suas respectivas culturas

---

11 J. I. Packer. *Knowing God* (Downers Grove: InterVarsity, 2018), p. 22, itálico do original. No Brasil: *O conhecimento de Deus* (São Paulo: Cultura Cristã, 2019).

12 John Webster. "Discovering dogmatics", in: *Shaping a theological mind: theological context and methodology*, Darren C. Marks (org.) (Burlington: Ashgate, 2002), p. 135.

AVALIANDO **141**

e pela filosofia grega. Von Harnack pressupôs uma cosmovisão antis-sobrenatural e antropocêntrica (centrada no homem), argumentando que a essência do cristianismo é a paternidade de Deus, a irmandade da humanidade, o valor infinito da alma humana e o chamado para uma justiça superior.

Jesus, de acordo com Von Harnack, não era divino, mas um homem, uma figura histórica que tinha uma consciência única de Deus como Pai, seu Pai. O cerne dos ensinamentos de Cristo, o "Evangelho [...] tem a ver apenas com o Pai, e não com o Filho".[13] Aponta para o "valor de toda a humanidade", que deve ser vivido no amor a Deus e no amor ao próximo.[14] O cristianismo é essencialmente uma questão prática de conhecer a Deus como Pai, e não de acreditar em dogmas cristãos historicamente vinculados, como a Trindade e as duas naturezas de Cristo.

Depois de ler cuidadosamente Von Harnack e de compreender seu contexto histórico e cultural, seu gênero teológico e seus pontos de vista, a pessoa está preparada para começar a avaliar sua obra. Sua perspectiva tem vastas implicações para nossas visões de revelação, Deus, antropologia, cristologia, soteriologia, escatologia e vida cristã. Ele constituiu a razão e o método histórico como autoritativos, e não a Escritura. Deus é simplesmente nosso Pai amoroso, ele não é também nosso Juiz divino; a humanidade é boa, não é caída nem carece de salvação; Cristo foi um homem histórico, não nosso divino Salvador; os seres humanos salvam a si próprios, não é Cristo quem os salva; o reino de Deus é uma realidade presente dentro de nós, e não uma realidade a ser completada no futuro; e a ética do amor é o evangelho, não uma decorrência dele.

Algumas dessas implicações têm forte apelo para a nossa cultura atual, que já testemunhou grandes males e sofrimentos, e busca compreender Deus como um Pai amoroso, que valoriza todos os seres humanos. Além disso, essa obra exemplifica como a cultura tem uma influência modeladora sobre o cristianismo e enfatiza a importância de se viver a própria fé. Se os pontos de vista de Von Harnack forem adotados sem discernimento, no entanto, seu adepto acabará ficando com uma teologia antropocêntrica (centrada no homem) que não deixa espaço para a cruz, a ressurreição e, em última instância, nem para a salvação.

---

13   Adolf von Harnack. *What is Christianity?* ed. rev., trad. Thomas Bailey Sanders (New York: Putnam, 1908), p. 154. No Brasil: *O que é cristianismo?* (São Paulo: Reflexão, 2004).

14   Adolf von Harnack, *What is Christianity?* p. 73, 79.

142 COMO LER TEOLOGIA

Em *What is Christianity?*, Von Harnack incentiva a confiança na razão e uma teologia de baixo para cima, que enfatiza a humanidade e o reino de Deus sendo cumprido aqui, na terra, e coloca Jesus como apenas um mestre de moralidade atemporal e autoestima. Portanto, a verdadeira fé, na melhor das hipóteses, limita-se a fazer o que Jesus fez. A teologia liberal e a antipatia de Von Harnack em relação ao dogma acabaram o levando, bem como outros estudiosos a se distanciarem da Igreja Luterana e a abraçarem o nacionalismo alemão em seu lugar.

A teologia de Von Harnack serve como uma advertência do que pode acontecer quando priorizamos nossos pensamentos e metodologias acadêmicas acima da veracidade da Palavra de Deus. Ele também nos ajuda a pensar sobre questões importantes, como o papel da igreja na determinação do dogma e quais são os pontos essenciais e não essenciais da fé. Ler Von Harnack tem valor por ajudar o leitor a refletir sobre muitos tópicos, incluindo o significado do contexto da doutrina, a autoridade da igreja, quem é Cristo e quais são os pontos essenciais do evangelho.

Conclusão

Mortimer Adler argumenta que "um bom livro pode ensinar você sobre o mundo e sobre si mesmo". Ao interagir com bons livros, você se torna não apenas um conhecedor mais profundo, mas também mais sábio, à medida que se torna "mais profundamente ciente das grandes e duradouras verdades [ou, nesse aspecto, das grandes falácias] da vida humana".[15] Às vezes, isso pode até acontecer dialogando com um autor de quem você discorda. O verdadeiro propósito da teologia, porém, não é apenas compreender a nós mesmos ou o mundo, ou mesmo aprender a valorizar outras perspectivas. É conhecer e adorar verdadeiramente o Deus vivo. Investigações factuais, conceituais, críticas e práticas são importantes para entender *o que* está sendo comunicado em uma obra teológica e *como* seus conceitos devem ser avaliados e aplicados.

Como René Descartes afirmou com propriedade: "A leitura de todo bom livro é como uma conversa com as pessoas mais honradas de épocas passadas". E prosseguiu: "A teologia ensina como chegar ao céu".[16] Uma conversa teológica entre o autor e o leitor acaba se tornando

---

15 Mortimer J. Adler; Charles Van Doren. *How to read a book* (New York: Simon & Schuster, 1972), p. 340-1.

16 René Descartes. *Philosophical essays and correspondence*. Roger Ariew (org.) (Indianapolis: Hackett, 2000), p. 48.

valiosa quando o leitor vai além de meramente ler as palavras na página, ou mesmo de entender o significado do autor, e é trazido para mais perto de Deus. Como Descartes apontou, essa etapa só é possível se alguém for capaz de saber o "verdadeiro valor" das palavras do autor, de modo a "guardar-se de ser enganado".

Uma vez treinada em *como* ouvir o autor – discernindo seu contexto, gênero teológico e visão –, a pessoa pode passar de apenas fazer perguntas ao texto para dar uma resposta informada e apreciativa. Esse processo deve incluir uma avaliação do texto à luz da Bíblia, acompanhada de oração, além da checagem de sua possível aplicação na própria vida. Em todas as obras teológicas que lemos, nosso objetivo deve ser a transformação de nosso coração e nossa mente, de modo a nos conformar a Cristo. Romanos 12.2 nos encoraja a fazer exatamente isso: "Não se conformem com este mundo, mas sejam transformados pela renovação da sua mente, para que possam experimentar e discernir a boa, agradável e perfeita vontade de Deus".

QUESTÕES PARA DISCUSSÃO E REFLEXÃO

1. Kevin Vanhoozer escreve: "A doutrina forma discípulos quando ajuda a igreja a encarnar o papel de sua nova vida em Cristo". Dê um exemplo de uma doutrina que ajudou você a encarnar o papel de sua nova vida em Cristo.

2. Se você estivesse lendo a resenha de uma obra teológica, como saberia se o resenhista fez uma boa crítica da obra? Como isso pode moldar sua maneira de avaliar as obras teológicas?

3. Quais são algumas diferenças entre sua maneira de abordar um texto teológico na primeira leitura e na reavaliação dele?

4. Por que é importante discernir a coerência de uma obra? Como se deve ver uma obra a que falta coerência?

5. A veracidade bíblica deve ser o critério primário para avaliar uma obra teológica. Analise o poema "Amor (III)", de George Herbert, citado neste capítulo, procurando ao menos um exemplo de verdade bíblica.

6. É importante avaliar o significado de uma obra teológica, procurando descobrir o seu valor prático e espiritual. Cite um *insight* deste capítulo que você pode empregar em sua leitura e que ajudará nesse processo.

144   COMO LER TEOLOGIA

7. A teologia deve ser vivida. Ao ler teologia, é vital fazer a pergunta: "E então?". Você tem alguma pergunta muito urgente sobre a qual gostaria de ouvir o que a teologia tem a lhe dizer?

8. Na seção "Juntando tudo", discutimos a visão de Adolf von Harnack sobre Cristo e o evangelho. Cite uma coisa que você pode aprender ao dialogar com Von Harnack, mesmo que discorde dele? Você incentivaria alguém a ler *What is Christianity*? Explique sua resposta.

9. Romanos 12.2 nos encoraja: "Não se conformem com este mundo, mas sejam transformados pela renovação da sua mente, para que possam experimentar e discernir a boa, agradável e perfeita vontade de Deus". Cite uma maneira pela qual você pode procurar transformar sua mente hoje.

Adote a prática de avaliar e aplicar o texto teológico

Qual é o valor da obra?

Continue a orar por discernimento, reavalie brevemente uma obra teológica que você leu e responda às seguintes perguntas:

1. O que uma inspeção cuidadosa do texto teológico lhe revela sobre a obra?

2. Qual é a coerência, a veracidade e o significado do texto?

- Quão coerente é o texto teológico?

- Quão verdadeira é a obra?

- Qual é o significado dos conceitos/princípios teológicos no texto?

3. Quais são as implicações práticas e as possíveis aplicações dessa obra para o indivíduo, a igreja e a sociedade?

4. Qual é o valor da obra?

APÊNDICE 1

CAPACITANDO OUTROS A LEREM TEOLOGIA PLENAMENTE

E se o estudante achar que isso não é do gosto dele?
Bem, isso é lastimável. Muito lastimável. Seu gosto não
deve ser consultado; ele está sendo formado.
Flannery O'Connor, *Mystery and manners*

Ferro afia ferro, e um homem afia o outro.
Provérbios 27:17

Como podemos capacitar outras pessoas para ler teologia?

Charles Spurgeon recorda o conto militar norte-americano de um homem passando por um grupo de soldados que se esforçavam para levantar uma pesada peça de madeira. O cabo do regimento dava ordens e orientações aos seus soldados. O homem que passava desceu de seu cavalo e perguntou ao cabo: "Que benefício há em ficar dando ordens a esses homens? Por que você não os ajuda, participando do trabalho?". O cabo respondeu indignado: "Talvez você não saiba com quem está falando; eu sou um cabo". "Peço desculpas", respondeu o homem, "você é um cabo, não é? Desculpe-me se por acaso eu o tenha insultado". O homem então tirou o seu casaco e ajudou os soldados a construírem o forte. Ao terminar, ele disse: "Senhor cabo, lamento se o insultei, mas, quando você tiver mais fortes para construir, e seus homens não o ajudarem, chame por George Washington, o comandante-chefe, e eu virei para ajudá-los". O cabo logo sumiu dali envergonhado.[1]

---

1   Charles Haddon Spurgeon. "A home mission sermon, no. 259". 26 jun. 1859. *Spurgeon Center for Biblical Preaching*. Disponível em: www.spurgeon.org/resource-library/sermons/a-home-mission-sermon.

De maneira similar, Cristo, nosso comandante-chefe, nos dá um exemplo de como liderar aqueles que nos são confiados. Ele não lidera seus discípulos ficando longe deles e dando ordens. Antes, os Evangelhos revelam que Jesus caminhava lado a lado, ensinando e formando uma vida piedosa. Jesus Cristo não apenas transmitia conhecimento, mas equipava seus discípulos com ferramentas para viver de forma que glorificassem a Deus. Cristo os treinou para conhecerem a Deus e reconhecerem sua completa dependência dele (João 15:5). Ele os convidou a ouvirem Deus, procurarem seus caminhos e deixarem os caminhos deste mundo (Mateus 6:33). Ele chamou seus seguidores a procurarem a sabedoria divina (João 17:17).

Em uma linha similar, precisamos também andar humildemente ao lado de outros, ajudando-os a cumprir seu chamado cristão para amarem o Senhor Deus com todo o coração e a amarem seus próximos como a si mesmos (Mateus 22:37). Como seguimos esse chamado em contexto de aprendizado teológico? O papel de um educador cristão, como indica Helmut Thielicke em seu texto clássico *A little exercise for young theologians*, é ver e ouvir seus estudantes "não apenas como estudantes, mas também como almas confiadas" a nós.[2] Como ajudamos outros a discernirem a sabedoria divina? Essa é uma das principais tarefas do educador, mentor ou cristão. Em geral, o ensino mais elevado exige que se vá além da mera compreensão das palavras impressas em uma página na busca por conhecimento. Para o cristão, o objetivo do estudo teológico não é apenas o conhecimento, mas a sabedoria divina, com o fim último de ouvir e responder à Palavra de Deus. A leitura de obras teológicas deve servir a esse fim.

Como foi corretamente observado por Sócrates, "Uma vida não examinada não é digna de ser vivida". Ele apresenta o questionamento e o raciocínio como as fontes de significado para o ser humano. Podemos concordar, em parte, com Sócrates que devemos examinar a vida e procurar a sabedoria. No entanto, como indicado por C. S. Lewis em *A abolição do homem*, o mero racionalismo humanista leva ao secularismo. Questões e raciocínios infindáveis não resultam em conhecimento e santidade reais, mas acabam culminando em falta de sentido.[3] Lewis também faz uma advertência contra a trivialização das emoções: "Para

---

2   Helmut Thielicke. *A little exercise for young theologians* (Grand Rapids: Eerdmans, 2016), p. 16. No Brasil: *Recomendações aos jovens teólogos e pastores* (São Paulo: Vida Nova, 2016).

3   Veja C. S. Lewis. *The abolition of man* (1944; repr., New York: HarperOne, 2001), p. 80-1. No Brasil: *A abolição do homem* (Rio de Janeiro: Thomas Nelson Brasil, 2017).

APÊNDICE 1 **147**

cada aluno meu que precisa ser protegido contra um leve excesso de sensibilidade, há três que precisam ser despertos da fria vulgaridade. A tarefa do educador moderno não é derrubar florestas, mas irrigar desertos. A defesa certa contra sentimentalismos falaciosos é incutir sentimentos corretos".[4]

Como Lewis conclui, a educação cristã deve se diferenciar da abordagem racionalista de Sócrates mantendo uma perspectiva centrada em Deus, que molda a mente e o coração. Isso deve nos levar a reconhecer que somos discípulos perpétuos de Cristo. Como cristãos, devemos guiar os outros ao diálogo com o Senhor e uns com os outros, com vistas ao propósito de crescer em conhecimento e sabedoria, e servindo a Cristo com todo o nosso ser (Marcos 12:28-30).

Uma excelente educação teológica não deve ensinar alguém a ver a Escritura como mero repositório de proposições a serem dominadas, ou histórias que devem ser interpretadas como melhor lhe pareça. A Palavra de Deus nos é dada para o propósito de nos levar a um relacionamento com nosso próximo e com nosso Criador, Sustentador, Redentor e Santificador. Diferente de outras disciplinas, a educação teológica nos oferece a oportunidade de inquirir não apenas o que Deus *disse*, mas também o que Deus *está dizendo*, e como devemos pensar e responder. Os textos teológicos podem nos ajudar a fazer isso.

Em 1963, a novelista católica norte-americana Flannery O'Connor alertou os professores de literatura sobre permitirem que as preferências dos estudantes guiassem suas escolhas pedagógicas. Ela afirma que o gosto do estudante "não deve ser consultado; ele está sendo formado". Os professores cumprem sua responsabilidade somente quando "guiam" seus estudantes por meio da "melhor leitura", moldando seus gostos. Ela incentiva os professores a retornarem "ao seu devido trabalho de preparar fundações".[5] A Escritura nos chama para essa mesma tarefa: preparar fundações treinando *mentes* e *corações*. Esse treinamento capacitará o leitor a discernir a verdade de Deus – a verdade sobre eles mesmos, Deus, e seu relacionamento com ele – onde quer que seja falada, procurando aplicá-la corretamente em suas vidas diárias (Romanos 8:14; 12:2; Efésios 4:23; Colossenses 3:10).

---

4   Lewis, *Abolition of man*, p. 13-4.

5   Flannery O'Connor. *Mystery and manners: occasional prose*. Sally e Robert Fitzgerald (org.) (New York: Farrar, Straus & Giroux, 1969), p. 140.

Muitas vezes, nos esquecemos da importância de treinar alguém a ouvir e fazemos a pergunta "O que você acha?" antes de "O que o autor acha?". Essa abordagem pode levar os estudantes a emitirem opiniões desinformadas ou mesmo rejeitarem o valor de uma obra antes de realmente a terem compreendido. Além disso, o leitor pode entender o texto simplesmente como um espelho de seus próprios pensamentos, e não como uma janela para outras perspectivas sobre um assunto e uma oportunidade para treinar seu coração e mente a amar o que é bom (Romanos 12:9).

Se ensinamos os outros a ouvir o texto como ouviriam um amigo querido, eles estarão mais abertos para apreciar o mérito da obra, mesmo que discordem dela. Eles não devem ser levados a acreditar que o valor de uma obra teológica se baseia na preferência pessoal desinformada, mas, sim, em como ela pode movê-los em direção ao entendimento e ao devido amor a Deus e aos outros. Por vezes, isso acontece quando um trabalho teológico ajuda a indicar falhas em seu pensamento ou os torna conscientes dos perigos de defender uma ideia.

Podemos fornecer um tipo de "andaime" a fim de guiar outros em *como* ouvir bem os textos teológicos. O psicólogo histórico-cultural russo, Lev Vygotsky, sugeriu que fornecer andaimes, ou assistência, pode ajudar no processo de aprendizagem, até que os educandos possam cumprir sozinhos a tarefa.[6] Não basta lhes dar a informação que precisam para compreender os textos teológicos e responder ao que leram, gritando ordens a eles como o cabo na história de Spurgeon. Ao contrário, como George Washington, devemos acompanhar outros leitores de teologia e ajudá-los a aprender *como* abordar escritos dessa natureza.

Uma maneira prática de prepará-los é encorajá-los a serem bons companheiros de conversa das obras teológicas, pedindo em oração pelas perguntas certas e, então, buscando as respostas. Essas questões podem ser colocadas nas seguintes categorias: discernir o contexto, a estrutura teológica, fontes e a visão teológica. Incluem-se aí questões factuais, interpretativas e avaliativas.

Uma vez que os leitores tenham as ferramentas para uma inspeção cuidadosa, estarão mais bem preparados para dialogar com as obras

---

6   Veja Christine Sarikas. "Vygotsky scaffolding: what it is and how to use it". *PrepScholar*, 10 jul. 2018. Disponível em: https://blog.prepscholar.com/vygotsky-scaffolding-zone-of-proximal-development.

teológicas por si mesmos e discernir as verdades teológicas que lhes foram comunicadas. Eles podem praticar lendo teologia, com máximo proveito, ao "dialogarem" com as obras teológicas que estão lendo e se envolvendo em "discussões teológicas". Cada uma dessas atividades será abordada a seguir.

Ensinando como dialogar com uma obra teológica

Todos nós já passamos horas em um esforço dedicado a dominar uma habilidade. Uma pesquisa recente desmistificou a ideia de que a "prática traz a perfeição", dizendo que outros fatores importantes, como aptidão natural, quão cedo na vida você começou a praticar essa atividade e motivação intrínseca, também contribuem para o sucesso. Isso não indica, contudo, que a prática não seja importante.

Certamente, alguns leitores são naturalmente mais aptos do que outros para compreender e analisar textos teológicos. Contudo, mesmo essas pessoas se beneficiarão do treino na arte de ler teologia e da oportunidade de praticar de maneira produtiva o diálogo com um texto. Assim como não esperamos que um atleta de elite venha a competir, com sucesso, em alto nível sem preparo e treinos regulares, não podemos esperar que alguém leia um texto teológico com competência sem alguma orientação e prática. O uso regular das ferramentas de inspeção cuidadosa descritas neste livro é vital para aprimorar a compreensão e análise.

Uma forma de facilitar a prática é indicar-lhes a leitura e o "diálogo" com obras teológicas que sejam fontes primárias. Com bastante frequência, confiamos nas fontes ou leituras secundárias para explicar o ensino de diversos teólogos, e assim tornamos o aluno dependente de outros para discernir o valor de um trabalho teológico. Ao contrário, devemos encorajar os outros a retornarem às fontes originais (*ad fontes*), em particular a Bíblia e os textos teológicos, para aprenderem diretamente da "grande nuvem de testemunhas" (Hebreus 12:1), da mesma forma que os reformadores fizeram no século 16.

Uma lista de importantes obras teológicas é fornecida no apêndice 2 para auxiliar você a escolher os textos. Para ajudar outros a praticar a leitura, eles podem "dialogar" com esses escritos. Isso não é, contudo, o tradicional esboço em torno de uma tese, mas antes um conjunto condensado de respostas para as questões discutidas nesse livro. Dialogar com a obra escrevendo respostas para as questões ajudará a considerar o texto, a estrutura, as fontes e o ponto de vista do autor, e então avaliar e aplicar a obra.

Assim como os pais podem auxiliar seus filhos quando aprendem a andar, dando suporte a eles e, de forma gradativa, ajudando menos à medida que a criança cresce e é cada vez mais capaz de andar sozinha, você pode auxiliar outros no desenvolvimento de suas capacidades para efetivamente lerem textos teológicos. No início, você deve andar com eles por meio do "diálogo" antes da primeira leitura, auxiliando-os na procura por respostas. Então peça a eles que completem o processo sozinhos, dando-lhes antes dicas sobre como responder às questões e depois oferecendo uma ampla avaliação, de maneira que eles entendam como aprimorar sua leitura do texto. Uma avaliação significativa pode ajudar no desenvolvimento da sua compreensão de leitura, habilidades de pensamento crítico e capacidade de descobrir possíveis aplicações do texto. À medida que eles progridem em sua leitura, precisarão de menos assistência e começarão a ler tendo em mente as questões mencionadas anteriormente.

O apêndice 3 pode servir de guia para diálogos teológicos escritos. Você pode adaptá-lo às suas necessidades. Talvez você possa achar que algumas pessoas têm maior dificuldade na identificação do método e das pressuposições, então poderá escolher tratar disso em uma conversa, ou ajudá-las no processo de compreensão. Em última análise, o objetivo desses diálogos escritos é ajudar os leitores teológicos a colocarem em prática as ferramentas de inspeção cuidadosa, de forma que aprimorem sua apreensão do texto teológico e ouçam de maneira mais efetiva. Esse apêndice também deve refinar os debates teológicos. Se cada participante entra em uma discussão já tendo tratado dessas questões, o debate pode avançar da recordação ou compreensão para o entendimento e avaliação do texto em um nível mais profundo.

Facilitando as discussões teológicas

Se a teologia deve ser mais do que uma disciplina para a elite acadêmica, precisamos capacitar outros a se engajarem nas ricas conversas teológicas que levam ao conhecimento e crescimento cristãos. A discussão baseada no aprendizado proporciona aos leitores a oportunidade de se desafiarem a ir mais fundo nos textos teológicos, cultivar habilidades de pensamento crítico e desenvolver uma educação sensível às perspectivas dos outros. As discussões teológicas devem ir além das simples investigações factuais e conceituais, que dão foco apenas à memória e à compreensão. Embora essas tarefas sejam importantes, o debate relevante deve promover o crescimento ao incluir investigações críticas e práticas que exploram as ideias do texto, para se avaliar e considerar sua aplicação.

Um debate teológico pode nos ajudar a pensar analiticamente, expressar nossas ideias de forma efetiva e ouvir com atenção um texto teológico em um contexto comunitário. As obras teológicas são importantes porque nos forçam a pensar sobre questões importantes: Quem é Deus? Quem somos nós? O que podemos saber? Como devemos agir? O que podemos esperar? Quanto melhor entendemos as respostas, mais preparados estamos para conhecer a Deus, a nós mesmos e o mundo ao nosso redor, e como devemos viver em submissão a Cristo.

O papel do líder é fazer perguntas que ajudem o grupo a explorar as ideias contidas em uma obra. Os participantes também podem levantar questões e responder a elas. Todas as respostas devem ser baseadas na leitura do texto; em geral, é melhor evitar referências às fontes externas (com exceção de outras obras já discutidas e a Bíblia). O líder deve encorajar os participantes a concordar ou discordar a respeito do que o autor e outros participantes dizem e a questioná-los, no intuito de apoiar suas perspectivas com razões baseadas no texto e na Escritura.

Há três tipos principais de questões que um líder de debates pode fazer sobre uma obra teológica:

1. Questões factuais: as questões factuais têm uma resposta correta. Elas incluem perguntas a respeito de definições, o panorama de uma obra ou autor, ou detalhes do texto, e exigem que o participante ofereça citações ou paráfrases.
   Exemplo: Quais analogias Cipriano usa em *A unidade da igreja* para demonstrar essa unidade, embora a igreja esteja dispersa por todo o mundo?

2. Questões interpretativas: as questões interpretativas exploram aquilo que o autor tem em mente com o que diz. São questões abertas que conduzem a um extenso debate de ideias no texto e podem suscitar múltiplas respostas.
   Exemplo: Qual é a principal razão defendida por Cipriano para afirmar que a unidade da igreja é essencial? Em outras palavras, é uma questão de teologia verdadeira, governo correto, uma defesa contra a heresia, está relacionada à salvação, ou é outro motivo?

152　COMO LER TEOLOGIA

3. Questões de análise: As questões de análise, que incluem perguntas avaliativas e de aplicação, exigem que o leitor calcule a
veracidade e o valor da obra, e em que medida o texto tem aplicação em sua própria vida, na igreja e no mundo.
Exemplo: Quão bom é o posicionamento de Cipriano em relação à unidade da igreja de acordo com Salmos 133; João 17:20-23;
1Coríntios 1:10-17 e Efésios 4:1-16? Qual deve ser o fundamento
para a unidade da igreja?

Sempre que possível, formule questões abertas que levem o grupo
a descobrir por si mesmo as respostas no texto. Para se manter focada
em ouvir o texto, uma discussão teológica deve utilizar questões que
ajudem o grupo a compreender o texto antes de avaliá-lo. É proveitoso
começar uma conversa teológica com uma "questão básica", que explora uma ideia-chave ou tema da obra, e que pode levar a um extenso debate. Uma questão básica importante é aberta e interpretativa, e pode
suscitar diferentes respostas que ajudam a esclarecer e desenvolver as
ideias mais importantes da obra.

As perguntas complementares contêm ideias subordinadas, porém
pertinentes, à questão básica. Elas podem incluir questões factuais e
interpretativas. Sua função principal é ajudar o grupo a resolver a questão básica, encorajando os participantes a continuar desenvolvendo
suas ideias, esclarecer sua compreensão do texto e considerar outras
respostas possíveis.

É importante evitar fazer perguntas avaliativas antes de levantar a
questão básica e as complementares. Questões de análise e aplicação
são mais proveitosas depois que o grupo tiver discutido completamente
as questões relacionadas à interpretação do texto. Questões de análise
podem começar uma discussão, mas em pouco tempo correm o risco
de se tornar uma votação de preferências e rejeições, ou uma defesa de
julgamentos prematuros. Antes, as questões de análise devem se voltar à
verdade ou à aplicação adequada das ideias teológicas da obra.

Os apêndices 4 e 5 contêm guias úteis para a participação e liderança de uma discussão. Esses guias são em parte modelados pelo método
de "investigação compartilhada", que tem sido empregado nos pro-
gramas *Great Books*. Para desafiar outros a tirarem o máximo de uma
discussão teológica, eles podem ser treinados sobre como liderar um
debate entre si. Escrevendo suas próprias questões para discussão,
serão encorajados a apreender o texto e cultivar os debates teológicos

que guiam outros a buscar conhecimento e sabedoria divina. Você pode começar lhes oferecendo um modelo sobre como promover um debate, depois permitir que o conduzam sozinhos. O apêndice 5 pode servir de guia para formular questões de discussão.

Conclusão

É importante para os facilitadores teológicos ajudar a treinar a cabeça, coração e mãos de outros para considerar, amar e fazer o que é bom, puro e verdadeiro. Livros teológicos podem servir de grandes parceiros em sua busca se forem lidos com um discernimento instruído. Em *A imaginação profética*, Walter Brueggemann apresenta uma visão para o ministério de um educador em teologia:

> Sugiro que a cultura dominante, agora e em qualquer tempo, é grosseiramente acrítica, não consegue tolerar críticas sérias e fundamentais, e não medirá esforços para impedir isso. Por outro lado, a cultura dominante está cansada, quase incapaz de ser seriamente animada por novas promessas de Deus... E podemos até mesmo sugerir que escolher entre a crítica e o dinamismo é a tentação, respectivamente, do liberalismo e do conservadorismo. Os liberais são bons para criticar, mas muitas vezes não apresentam nenhuma palavra de promessa; os conservadores tendem a imaginar um futuro bom e sugerir visões alternativas, mas a crítica relevante de um profeta não costuma ser bem-recebida. Para aqueles de nós pessoalmente envolvidos no ministério, é possível observar que ser chamado onde essa dialética é mantida é uma incrível vocação. E cada um de nós provavelmente estará em um lado ou em outro.[7]

As palavras de Brueggemann falam bastante sobre nossa situação, tanto quanto o fizeram na época de sua primeira publicação, em 1978. Os cristãos frequentemente se esforçam a fim de se envolverem em uma reflexão crítica produtiva e encontrar uma esperança bíblica doadora de vida em Cristo. Brueggemann sugere que a tarefa do ministério profético, como exemplificado nos profetas do Antigo Testamento, é "cultivar, nutrir e evocar uma consciência e percepção alternativas à

---

7 Walter Brueggemann. *The prophetic imagination*. 40th anniv. ed. (Minneapolis: Fortress, 2018), p. 4-5. No Brasil: *A imaginação profética* (São Paulo: Paulinas, 1983).

consciência e percepção da cultura dominante ao nosso redor". O profeta realiza sua obra no contexto de uma comunidade ao compreender a cultura dominante e animar a comunidade em direção de uma visão baseada no plano de Deus. Brueggemann nos lembra de que uma crítica efetiva começa na capacidade de lamentar, reconhecendo que as coisas não estão do jeito que deveriam estar. Contudo, o verdadeiro profeta não apenas critica, mas também procura animar a comunidade, tirando-a da apatia para um modo de vida alternativo.

Os cristãos são chamados a esse ministério profético. Nós "cultivamos, nutrimos e evocamos" nos outros uma consciência radicalmente diferente – que é cativa à Palavra de Deus, e não simplesmente ao mundo (2Coríntios 1:12), que não é suscetível a cada capricho cultural, mas empenhada em guardar e proclamar "o bom depósito confiado a você" (2Timóteo 1:14). Podemos ajudar outros em sua busca equipando-os com ferramentas para leitura e discussão teológica com discernimento. Com as ferramentas adequadas, os leitores serão capazes de abordar textos teológicos com confiança e intencionalidade, aprendendo a identificar parceiros de diálogo dignos que podem ajudá-los no conhecimento e amor a Deus e aos outros, vivendo de forma digna de seu chamado em Cristo.

APÊNDICE 2

UMA SELEÇÃO DE TEÓLOGOS E OBRAS TEOLÓGICAS IMPORTANTES

Obras teológicas

Credo Apostólico

Clemente de Roma (*ca.* 30-100)
Primeira epístola de Clemente aos coríntios

Inácio de Antioquia (*ca.* 35-110)
Epístola de Inácio aos efésios

Policarpo (*ca.* 80-155)
Epístola de Policarpo aos filipenses

Justino Mártir (*ca.* 100-165)
Primeira apologia de Justino
Segunda apologia de Justino

Irineu de Lião (ca. 130-202)
Contra as heresias

Clemente de Alexandria (*ca.* 150-211/216)
Trilogia: Exortação aos gregos, Pedagogo e Stromata

Tertuliano (*ca.* 160-220)
Apologia

Orígenes de Alexandria (*ca.* 184-254)
Hexapla
Tratado sobre os princípios

João Crisóstomo (*ca.* 347-407)
Homilias de João Crisóstomo

Cipriano de Cartago (*ca.* 200-258)
A unidade da igreja

Atanásio de Alexandria (298-373)
A encarnação do Verbo

Credo Niceno (325)

Gregório de Nazianzo (347-407)
Sobre Deus e Cristo

Jerônimo (*ca.* 347-420)
Vulgata latina

Santo Agostinho de Hipona (354-430)
A Trindade
A doutrina cristã
A cidade de Deus

Cirilo de Alexandria (*ca.* 378-444)
Sobre a unidade de Cristo
Segunda e terceira epístolas a Nestório e João de Antioquia

Credo Niceno-Constantinopolitano (381)

Tomo de Leão Magno (449)

Definição de Calcedônia (451)

São Bento (*ca.* 480-547)
A regra

Gregório Magno (540-604)
Regra pastoral

Anselmo da Cantuária (1033-1109)
Por que Deus se tornou homem

Pedro Abelardo (1079-1142)
Sic et Non

Bernardo de Claraval (1090-1153)
Sobre amar a Deus
Sermões sobre o Cântico dos Cânticos

Pedro Lombardo (1096-1160)
Sentenças

Francisco de Assis (1182-1226)
Florzinhas de São Francisco

Boaventura (1221-1274)
O itinerário da mente para Deus

Tomás de Aquino (1225-1274)
Suma Teológica
Suma contra os gentios

Guilherme de Ockham (1285-1347)
Opera philosophica et theologica

Juliana de Norwich (*ca.* 1342-1416)
Revelações do amor divino

Catarina de Sena (1347-1380)
O diálogo

Tomás de Kempis (1380-1471)
A imitação de Cristo

Erasmo de Roterdã (1469-1536)
Elogio da loucura
Sobre a liberdade da vontade

Martinho Lutero (1483-1546)
95 Teses
Liberdade cristã
Nascido escravo
A disputa de Heidelberg

Ulrico Zuínglio (1484-1531)
67 Artigos
Comentário sobre a religião falsa e a verdadeira

Thomas Cranmer (1489-1556)
Livro de oração comum
Homilias

Trinta e nove artigos (1571)

Inácio de Loyola (1491-1556)
Cartas e instruções

Menno Simons (1496-1561)
A ressurreição espiritual
Fundamento da doutrina cristã

Filipe Melanchthon (1497-1560)
Confissão de Augsburgo

João Calvino (1509-1564)
Institutas da religião cristã
Comentários

158 COMO LER TEOLOGIA

John Knox (1514-1572)
O primeiro soar da trombeta: contra o monstruoso regimento das mulheres
Apelos à nobreza e ao povo da Escócia
Confissão de fé, o Primeiro livro da disciplina e o Livro da ordem comum

Teresa d'Ávila (1515-1582)
Caminho de perfeição
Castelo interior

Teodoro de Beza (1519-1605)
Sobre os direitos do magistrado
Tractationes theologicae
Summa totius Christianismi

Confissão de Schleitheim (1527)

Cânones e decretos do Concílio de Trento (1545-1563)

Richard Hooker (1554-1600)
Das leis da política eclesiástica

William Perkins (1558-1602)
Uma cadeia dourada

Jacobus Arminius (1560-1609)
Sobre a justiça e a eficácia da providência de Deus
Sobre o mal
Declaração de sentimentos
Catecismo de Heidelberg (1563)
Cinco artigos da Remonstrância (1610)

Richard Baxter (1615-1691)
Liturgia reformada
O pastor aprovado

Cânones do Sínodo de Dort (1618-1619)

John Owen (1618-1683)
A mortificação do pecado
O sacerdócio de Cristo

François Turretini (1623-1687)
Compêndio de teologia apologética

John Bunyan (1628-1688)
O peregrino

Confissão de Westminster (1646)

Jonathan Edwards (1703-1758)
Afeições religiosas
O fim para o qual Deus criou o mundo
Liberdade da vontade
Sobre o pecado original

John Wesley (1703-1791)
A perfeição cristã

George Whitefield (1714-1770)
Sermões de George Whitefield

John Newton (1725-1807)
Pensamentos sobre o tráfico escravagista africano

Friedrich Schleiermacher (1768-1834)
Sobre a religião
A fé cristã

Charles Hodge (1797-1878)
Teologia sistemática

John Henry Newman (1801-1890)
Ensaio sobre o desenvolvimento da doutrina cristã
A ideia de uma universidade

Horace Bushnell (1802-1876)
Discursos sobre o cultivo cristão
Deus em Cristo
Natureza e o sobrenatural

Søren Kierkegaard (1813-1855)
Ou/ou
Temor e tremor

Albert Ritschl (1822-1889)
A doutrina cristã da justificação e reconciliação

Abraham Kuyper (1837-1920)
Graça comum
Pro Rege

B. B. Warfield (1851-1921)
O Senhor da glória
A inspiração e a autoridade da Bíblia
A pessoa e a obra de Cristo

Adolf von Harnack (1851-1930)
  História do dogma
  O que é cristianismo?

Walter Rauschenbusch (1861-1918)
  Cristianizando a ordem social
  Uma teologia para o evangelho social
  Os princípios sociais de Jesus

Vaticano I (1868-1870)

Lewis Sperry Chafer (1871-1952)
  Teologia sistemática

Louis Berkhof (1873-1957)
  Teologia sistemática

J. Gresham Machen (1881-1937)
  A origem da religião de Paulo
  Cristianismo e liberalismo

Rudolf Bultmann (1884-1976)
  Crer e compreender
  Novo Testamento e mitologia
  Kerigma e mito

Paul Tillich (1886-1965)
  Teologia sistemática
  Dinâmicas da fé

Karl Barth (1886-1968)
  A carta aos Romanos
  Teologia evangélica
  Dogmática eclesiástica

Reinhold Niebuhr (1892-1971)
  A natureza e destino do homem

Karl Rahner (1904-1984)
  Fundamentos da fé cristã
  A Trindade

Hans Urs von Balthasar (1905-1988)
  A glória do Senhor
  Uma teologia da história

Dietrich Bonhoeffer (1906-1945)
  Discipulado
  Vida em comunhão

APÊNDICE 2 **161**

Francis Schaeffer (1912-1984)

Trilogia: *O Deus que intervém, A morte da razão* e *O Deus que se revela*

Carl F. H. Henry (1913-2003)

Deus, revelação e autoridade

Edward Schillebeeckx (1914-2009)

Jesus: um experimento em cristologia

Igreja: a história humana de Deus

Avery Dulles (1918-2008)

Igreja e sociedade

Modelos de igreja

Langdon Gilkey (1919-2004)

Mensagem e existência: uma introdução à teologia cristã

John Hick (1922-2012)

Uma teologia cristã das religiões

Deus tem muitos nomes

A metáfora do Deus encarnado

John B. Cobb Jr. (1925)

Teologia do processo

Rumo à teologia universal da religião

Jürgen Moltmann (1926)

Trilogia de obras teológicas: *Teologia da esperança, O Deus crucificado* e *A igreja no poder do Espírito*

Deus na criação: doutrina ecológica da criação

Gustavo Gutiérrez (1928)

Teologia da libertação: história, política e salvação

Hans Küng (1928-2021)

Infalível? Uma investigação

Teologia para o terceiro milênio: uma visão ecumênica

Vida eterna? Vida após a morte como um problema médico, filosófico e teológico

Mary Daly (1928-2010)

Além de Deus o Pai: por uma filosofia da libertação feminina

Wolfhart Pannenberg (1928-2014)

Teologia sistemática

Walter Brueggemann (1933)

Um Deus inquietante: o coração da Bíblia hebraica

Sallie McFague (1933-2019)
Teologia metafórica: modelos de Deus na linguagem religiosa
Modelos de Deus: teologia para uma era ecológica e nuclear

James Cone (1936-2018)
Uma teologia negra da libertação
A cruz e a árvore do linchamento

David Tracy (1939)
A imaginação analógica

Stanley Hauerwas (1940)
O reino pacífico: um manual em ética cristã
Estranhos residentes: vida na colônia cristã

Elizabeth A. Johnson (1941)
Aquela que é: o mistério de Deus no trabalho teológico feminino
Discurso

Ellen T. Charry (1947)
Artigo: "Pelo amor de Deus: o muro de hostilidade caiu"
Deus e a arte da felicidade

N. T. Wright (1948)
A ressurreição do Filho de Deus

Wayne Grudem (1948)
Teologia sistemática: uma introdução à doutrina bíblica

Stanley Grenz (1950-2005)
Teologia para a comunidade de Deus

Miroslav Volf (1956)
Alá: uma resposta cristã
A nossa semelhança: a igreja como imagem da Trindade
Exclusão e abraço: uma reflexão teológica sobre identidade, alteridade e reconciliação

Greg Boyd (1957)
Deus do possível: uma introdução bíblica à visão aberta de Deus

Kevin J. Vanhoozer (1957)
Há um significado neste texto? A Bíblia, o leitor e a moralidade do conhecimento literário
O drama da doutrina: uma abordagem canônico-linguística da teologia cristã

Veli-Matti Kärkkäinen (1958)
Teologia cristã construtiva para a igreja no mundo pluralista

Michael Scott Horton (1964)
Doutrinas da fé cristã: uma teologia sistemática para peregrinos a caminho

Vaticano ll (1962-1965)

Dicionários de teologia

ALEXANDER, T. Desmond; ROSNER, Brian S.; CARSON, D. A.; Goldsworthy, Graeme (orgs.). *New dictionary of biblical theology: exploring the unity and diversity of Scripture* (Downers Grove: InterVarsity, 2000).

_____. *Novo dicionário de teologia bíblica* (São Paulo: Vida, 2009).

ELWELL, Walter A. (org.). *Evangelical dictionary of biblical theology* (Grand Rapids: Baker, 1996).

ERICKSON, Millard, J. (org.). *The concise dictionary of Christian theology* (Wheaton: Crossway, 2001).

FERGUSON, Sinclair B.; PACKER, J. I.; WRIGHT, David F. (orgs.). *New dictionary of theology*. 3. ed. (Downers Grove: InterVarsity Press, 1988).

_____. *Novo dicionário de teologia* (São Paulo: Hagnos, 2020).

HASTINGS, Adrian; MASON, Alistair; PYPER, Hugh (orgs.). *The Oxford companion to Christian thought* (New York: Oxford University Press, 2000).

HAYS, J. Daniel; DUVALL, J. Scott; PATE, C. Marvin (orgs.). *Dictionary of biblical prophecy and end times* (Grand Rapids: Zondervan, 2007).

HOLLOMAN, Henry W. (org.). *Kregel dictionary of the Bible and theology* (Grand Rapids: Kregel, 2005).

McKIM, Donald K. (ed.). *Westminster dictionary of theological terms* (Louisville: Westminster John Knox, 1996).

RICHARDSON, Alan; BOWDEN, John (org.). *The Westminster dictionary of Christian theology* (Louisville: Westminster John Knox, 1983).

TREIER, Daniel J.; ELWELL, Walter A. (orgs.). *Evangelical Dictionary of Theology*. 3. ed. (Grand Rapids: Baker, 2017).

_____. *Enciclopédia histórico-teológica da igreja cristã* (São Paulo: Vida Nova, 1993).

Antologias de teologia

BETTENSON, Henry; MAUNDER, Chris (org.). *Documents of the Christian Church*. 4. ed. (New York: Oxford University Press, 2011).

_____. *Documentos da igreja cristã* (São Paulo: ASTE, 2001).

JANZ, Denis R. *A Reformation reader*. 2. ed. (Minneapolis: Fortress Press, 2008).

McGRATH, Alister E. *The Christian theology reader*. 5. ed. (Oxford: Blackwell, 2017).

McGRATH, Alister E. *Theology: the basic readings*. 3. ed. (Oxford: Blackwell, 2018)

_____. *Teologia: os fundamentos* (São Paulo: Loyola, 2009).

PLACHER, William C. *Readings in the history of Christian theology*. (Philadelphia: Westminster, 1988). 2 v.

Fontes de teologia histórica

BENEDETTO, Robert (org.). *The new Westminster dictionary of Church history*. 2. ed. (Louisville: Westminster John Knox, 2008). 2 v.

BERCOT, David W. (org.). *A dictionary of early Christian beliefs* (Peabody: Hendrickson, 1998).

CROSS, F. L.; LIVINGSTONE, E. A. (org.). *Oxford dictionary of the Christian Church*. 3. ed. rev. (Nova York: Oxford University Press, 2005).

DOUGLAS, J. D. (org.). *The new international dictionary of the Christian Church*. ed. rev. (Grand Rapids: Zondervan, 1993).

GONZÁLEZ, Justo L. (org.). *The Westminster dictionary of theologians* (Louisville: Westminster John Knox, 2006).

HART, Trevor A. (org.). *The dictionary of historical theology* (Grand Rapids: Eerdmans, 2000).

LARSEN, Timothy T.; BEBBINGTON, David W.; NOLL, Mark A. (org.). *Biographical dictionary of evangelicals* (Downers Grove: InterVarsity, 2003).

McKIM, Donald K. (org.). *Dictionary of major biblical interpreters* (Downers Grove: InterVarsity, 2007).

APÊNDICE 2 **165**

Manuais de teologia histórica

AHLSTROM, Sydney E. *A religious history of the American people*. 2. ed. (New Haven: Yale University Press, 2004).

ALLISON, Gregg R. *Historical theology: an introduction to Christian doctrine* (Grand Rapids: Zondervan, 2011).

_____. *Teologia histórica: uma introdução ao desenvolvimento da doutrina cristã* (São Paulo: Vida Nova, 2017).

FERGUSON, Everett. *From Christ to pre-Reformation: the rise and growth of the Church in its cultural, intellectual, and political context*. vol. 1 of *Church history* (Grand Rapids: Zondervan, 2005)

_____. *História da igreja: Volume 1: a ascensão e o crescimento da Igreja em seus contextos cultural, intelectual e político* (Rio de Janeiro: Central Gospel, 2017).

HASTINGS, Adrian. *A world history of Christianity* (Grand Rapids: Eerdmans, 2000).

LINDBERG, Carter (org.). *The Reformation theologians: an introduction to theology in the early modern period* (Malden: Blackwell, 2002).

MCGRATH, Alister E. *Historical theology: an introduction to the history of Christian thought*. 2. ed. (Malden: Wiley-Blackwell, 2013).

MULLER, Richard A. *Post-Reformation Reformed dogmatics: the rise and development of Reformed orthodoxy* (Grand Rapids: Baker, 2003).

OLSON, Roger E. *The mosaic of Christian belief: twenty centuries of unity and diversity*. 2. ed. (Downers Grove: IVP Academic, 2016).

PLACHER, William C. *A History of Christian theology: an introduction*. 2. ed. (Philadelphia: Westminster, 2013).

TORRANCE, Thomas F. *The Trinitarian faith: the evangelical theology of the ancient Catholic Church*. 2. ed. (New York: Bloomsbury T&T Clark, 2016).

WOODBRIDGE, John D.; JAMES III, FRANK A. *From Pre-Reformation to the present day: the rise and growth of the church in its cultural, intellectual, and political context*. vol. 2 of *Church history* (Grand Rapids: Zondervan, 2013).

_____. *História da igreja: Volume 2: A ascensão e o crescimento da igreja em seus contextos cultural, intelectual e político* (Rio de Janeiro: Central Gospel, 2017).

APÊNDICE 3

COMO DIALOGAR COM UMA OBRA TEOLÓGICA

"Diálogos" escritos devem ser abrangentes, ainda que concisos, e dar respostas às seguintes questões:

Contexto

- Quando a obra original foi escrita? Quem publicou originalmente a obra?
- Qual é o contexto específico da obra?
  - Qual é o seu específico contexto social, político e religioso?
- Por que o(s) autor(es) escreveu(ram) essa obra?
  - Qual é a razão específica, e para qual público exatamente?
- Qual é o histórico do autor?
  - Qual é a afiliação/denominação religiosa do autor, sua educação, etnia, e assim por diante?

Estrutura e fontes

- De que tipo de obra teológica se trata? Identifique se é um sermão, tratado teológico, polêmica, resposta, comentário, obra sistemática, sátira, história/romance, poema, autobiografia e assim por diante.
- Qual método teológico o autor utiliza? Identifique o método específico (dialético, experimental/racional, feminista, histórico-crítico, exegético literal, narrativo, pós-moderno, revisionista, estética da recepção ou outro).

- Quais são as pressuposições do autor? Elas podem incluir sua visão sobre de onde viemos, quem é Deus, quem somos nós, o que está errado, qual é a cura, o que é autoritativo etc.

- Quais fontes o autor credita ou indica para conceituação e suporte crítico? Razão, ciência, filosofia, Escritura, experiência? Quais partes específicas da Escritura?

Tese e pontos-chave

- Qual é a principal tese da obra? Procure reafirmar a tese em suas próprias palavras, em dez ou doze palavras, se não menos.

- Quais são os cinco ou sete pontos/argumentos-chave da obra?

Defina os termos-chave (de acordo com o uso do autor)

- Defina as palavras que não são familiares.

- Defina as palavras importantes para a argumentação, mesmo que você pense saber o que elas significam. Por exemplo, defina o entendimento específico de *sola Scriptura* de Martinho Lutero.

Análise

- Perceba *insights*, questões e críticas da obra.

- Qual é a sua visão sobre a obra? Apresente áreas específicas de concordância ou desacordo, e anote por que você concorda ou discorda.

- Em que medida as visões específicas do autor concordam com a Escritura? Especifique com exemplos.

- Identifique o que o texto ensina sobre Deus, sobre nós mesmos e nosso mundo.

- Apresente implicações específicas dessa obra para o cristianismo, para a sociedade e para você.

APÊNDICE 4

UM GUIA PARA PARTICIPAR DE UMA DISCUSSÃO TEOLÓGICA

Um debate teológico pode nos ajudar a pensar analiticamente, expressar nossas ideias de forma efetiva e ouvir com atenção um texto teológico em um contexto comunitário. As obras teológicas são importantes porque nos forçam a pensar sobre questões importantes: Quem é Deus? Quem somos nós? O que podemos saber? Como devemos agir? O que podemos esperar? Quanto melhor entendemos as respostas, mais preparados estamos para conhecer a Deus, a nós mesmos e o mundo ao nosso redor, e como devemos viver em submissão a Cristo.

O papel do líder é fazer perguntas que ajudem o grupo a explorar as ideias em uma obra, mas não deve dar as respostas. Os participantes também podem levantar questões e responder a elas. Todas as respostas devem ser baseadas na leitura do texto; em geral, é melhor evitar referências às fontes externas (com exceção de outras obras já discutidas e a Bíblia). O líder deve encorajar os participantes a concordar ou discordar a respeito do que o autor e outros participantes dizem e a questioná-los, no intuito de apoiar suas perspectivas com razões baseadas no texto e na Escritura.

Princípios da discussão

Leia com antecedência. Para participar, você deve completar a leitura e fazer um esboço dela. Leia cuidadosamente. Embora as discussões não pretendam ser um mero exercício de memória, você não conseguirá muito delas a menos que relembre precisamente o que foi lido. Leia toda a obra, ou ao menos partes dela, mais de uma vez. Marque as passagens e faça comentários nas margens. Algumas das coisas que devem ser sublinhadas e anotadas são:

- ideias que você considera essenciais

COMO LER TEOLOGIA

- palavras ou passagens que você não entendeu
- passagens sobre as quais você gostaria de ouvir a opinião de outros
- passagens que você gostaria de comentar à luz da Escritura e de sua própria experiência
- passagens relacionadas a outras obras cristãs que o seu grupo leu e discutiu

Separe um tempo para refletir. Selecione algumas ideias, conceitos ou exemplos que mais lhe interessem. Procure aumentar o seu entendimento reiterando as ideias em suas próprias palavras ou imaginando como você responderia às questões tratadas no texto. Por fim, anote quaisquer novas ideias sobre a obra que lhe ocorram como um resultado desse exercício.

Discuta somente a leitura. Cada momento da discussão é necessário para tratar das ideias na obra. Evite introduzir ideias ou experiências pessoais que nada têm a ver com o texto. Ao discutir somente a obra que todos leram, cada pessoa será capaz de acompanhar a discussão e participar dela. Deixe os nomes dos críticos e especialistas fora do debate.

Comprove suas declarações. Evite julgar uma afirmação baseando-se em quem a faz ou em quem concorda com ela; antes, julgue-a por quão bem fundamentada ela é. As declarações são bem apoiadas na discussão por:

- referir-se diretamente à obra
- oferecer um resumo preciso do que a obra diz
- apresentar razões ou exemplos a partir da Escritura

Limite-se ao assunto em discussão. Vocês devem trabalhar juntos para explorar cada questão por completo. Tente encontrar novas ideias sobre o que está sendo discutido. Evite continuar a falar depois que você já deu sua opinião, ou fazer um comentário que não se encaixa mais na discussão. Você não receberá crédito por contribuir à discussão se não trouxer esclarecimentos ao assunto.

Esforce-se para entender. Explore os significados da obra tanto quanto possível, tentando resolver os pontos levantados, mas percebendo que nem todos podem ser resolvidos de modo que todos os debatedores fiquem satisfeitos.

Fale livremente. Diga o que você acha e se prepare para compartilhar suas razões. Você pode concordar ou discordar a respeito de qualquer coisa dita por seus colegas de discussão. Faça suas declarações ou formule questões a eles, e não ao líder. Você não precisa esperar para ser chamado.

Ouça cuidadosamente. Quando outros estiverem falando, não dê muita atenção aos seus próprios pensamentos, pois você não conseguirá ouvir o que está sendo dito. Faça perguntas sobre qualquer comentário que você não tenha entendido antes de contribuir com suas ideias.

Demonstre cortesia. Fale claramente para que suas observações possam ser ouvidas por todos na sala. Não interrompa ninguém que esteja falando. Evite criticar uma pessoa; ao contrário, critique as ideias apresentadas. Não se envolva em conversas paralelas. Ofereça ao líder e aos seus colegas o mesmo respeito e atenção que gostaria de receber.

Ponto de ordem. Qualquer um pode apresentar um ponto de ordem, mas não deve interromper uma frase.

- "Não consigo continuar; isso está um caos."

- "Ajudem-me, não entendo o que foi dito [ou alguma coisa da obra]" ou "Estou perdido na discussão."

- "Como esse ponto em que estamos pode ajudar na questão?"

- "Nós respondemos a essa questão."

- "Você repetiu o que eu disse."

APÊNDICE 5

COMO CONDUZIR UMA DISCUSSÃO TEOLÓGICA

Exercício do pensamento reflexivo. O líder deve facilitar um exercício de pensamento reflexivo, que ajudará a melhorar a compreensão do grupo sobre a obra, observando os seguintes pontos:

- desenvolva suas próprias perguntas em lugar de procurar na internet ou em outras fontes.
- faça perguntas que iniciem, sustentem e concluam investigações nas ideias e problemas no texto.
- faça perguntas que explorem declarações obscuras, factualmente incorretas ou contraditórias.
- avalie as respostas e selecione declarações para serem questionadas de imediato, ignorando as triviais e deixando algumas para depois.

Leia cuidadosamente. Uma leitura cuidadosa do texto permitirá a você formular perguntas a partir das seguintes fontes:

- ideias que você considera interessantes ou importantes
- palavras ou passagens que você não entende
- passagens com múltiplos significados e implicações
- ideias interconectadas na obra
- passagens cuja confiabilidade ou aplicação devem ser consideradas à luz da Escritura

Tipos de perguntas. Há três tipos principais de perguntas que você pode fazer sobre a obra:

- **Perguntas factuais:** as perguntas factuais têm uma resposta correta. Elas incluem perguntas perguntas definições, o panorama de uma obra ou autor, ou detalhes do texto. Elas exigem que o participante ofereça citações ou paráfrases do texto.

Exemplo: Quais analogias Cipriano usa em *A unidade da igreja* para demonstrar essa unidade, embora a igreja esteja dispersa por todo o mundo?

- **Perguntas interpretativas:** as perguntas interpretativas exploram aquilo que o autor tem em mente com o que diz. São perguntas abertas que conduzem a um extenso debate de ideias no texto e podem suscitar múltiplas respostas.

  Exemplo: Qual é a principal razão defendida por Cipriano para afirmar que a unidade da igreja é essencial? Em outras palavras, é uma questão de teologia verdadeira, governo correto, uma defesa contra a heresia, está relacionada à salvação, ou é outra razão?

- **Perguntas de análise:** as perguntas de análise, que incluem perguntas avaliativas e de aplicação, exigem que o leitor avalie a veracidade e valor da obra, e em que medida o texto tem aplicação em sua própria vida, na igreja e no mundo.

  Exemplo: Quão bom é o posicionamento de Cipriano em relação à unidade da igreja de acordo com Salmos 133; João 17:20-23; 1Coríntios 1:10-17 e Efésios 4:1-16? Qual deve ser o fundamento para a unidade da igreja?

Perguntas de formatação. Procure formular perguntas abertas, evitando perguntas que pressupõem "sim" e "não". Também não formule perguntas de opinião até que você tenha explorado o que a obra diz e o que ela significa.

A pergunta básica. A pergunta básica é sempre uma pergunta interpretativa aberta, que pode levar a uma extensa discussão do que você considera ser uma das principais ideias da obra. Uma pergunta básica robusta deve gerar respostas diferentes ou opostas, que ajudarão a esclarecer e desenvolver as ideias que você acredita serem importantes para a obra. Você deve começar a discussão com a pergunta básica e voltar a ela quando for necessário reorientar a conversa.

Perguntas de desenvolvimento. Essas perguntas ajudam a desenrolar a pergunta básica. Elas são constituídas por perguntas factuais ou interpretativas que exploram respostas possíveis para a pergunta básica, termos-chave, ideias, fontes que o autor usa, o contexto e o histórico do autor.

As perguntas avaliativas. Exploram em que medida o participante concorda ou discorda em relação às ideias do autor ou a obra tem aplicação em sua própria vida.

Fomentar perguntas de interpretação. Perguntas interpretativas ajudam a ampliar o conhecimento aprofundado da obra. Se o grupo não se lembra exatamente do que o autor disse ou então está apresentando interpretações incorretas, faça perguntas factuais. Perguntas de análise e aplicação são mais proveitosas depois que o grupo tiver discutido completamente os pontos relacionados à interpretação do texto. Perguntas de análise podem começar uma discussão, mas em pouco tempo correm o risco de se tornar uma votação de preferências e rejeições, ou uma defesa de julgamentos prematuros. Para evitar isso, as perguntas de análise devem sempre se dedicar à verdade ou à aplicação das ideias da obra. Não se deve permitir que elas levem a uma discussão de assuntos que não exijam o uso da obra; do contrário, a discussão perde seu propósito e se torna um recital de opiniões sobre termos abstratos, eventos atuais ou ideias infundadas.

Discuta antecipadamente a obra com o seu colíder ou um amigo. Alternando entre participante e líder, tente responder a seu conjunto de perguntas. Aperfeiçoe as perguntas que você acredita promoverem uma análise proveitosa da obra. Exclua as que pareçam não levar a lugar algum. Anote novas perguntas que surjam de sua discussão.

Saiba quando fazer perguntas de desenvolvimento. As perguntas de desenvolvimento compreendem ideias subordinadas, porém relacionadas, à pergunta básica. Sua função principal é ajudar o grupo a resolver a pergunta básica.

Perguntas de desenvolvimento são usadas para:

- introduzir algumas das implicações da pergunta básica
- exigir que um participante justifique uma declaração ou opinião
- suscitar mais respostas sobre o assunto em discussão
- esclarecer uma declaração
- desenvolver as ideias mais importantes da resposta de um participante
- encorajar os participantes a examinarem as consequências e consistência de seus comentários
- trazer a discussão de volta para a obra

Faça perguntas de análise ao final da discussão. Evite fazer perguntas de análise antes de fazer a pergunta básica e as de acompanhamento.

Esforce-se por respostas. Evite se contentar com respostas superficiais ou tentativas dos participantes de abandonar uma pergunta somente porque ela é difícil. Use as respostas deles como base para novas perguntas que ajudarão o grupo a alcançar um entendimento mais profundo da obra. Contudo, mantenha em mente que algumas perguntas não serão respondidas de modo que todos fiquem satisfeitos.

Evite perguntas difíceis ou técnicas. Perguntas como "O que é supralapsarianismo?", quando o termo não está na obra, interrompem a análise que o grupo está fazendo sobre os sentidos da obra, ao chamar a atenção para palavras que não podem ser definidas no contexto.

Formule suas perguntas cuidadosamente. Faça uma pergunta por vez e torne suas perguntas breves e claras. Procure fazer perguntas adaptadas à obra, evitando as que indicam quais respostas você espera, ou perguntas que podem ser respondidas apenas com sim ou não, ou que não podem ser respondidas, ou que obriguem o participante a usar um material externo não indicado.

Ouça atentamente. Isso ajudará a fazer perguntas de acompanhamento relevantes. Isso também lhe dá ideias para outras perguntas e indica se linhas particulares de investigação devem ser abandonadas.

Envolva cada participante. Convide os participantes para a discussão introduzindo suas perguntas com os nomes deles. Deixe claro que as perguntas são dirigidas para *todos* os participantes durante cada reunião. Encoraje-os a fazerem perguntas uns para os outros e falarem livremente sem levantarem a mão ou esperarem ser notados pelos líderes.

Observe os princípios básicos da discussão. Essas regras ajudam os participantes a pensarem por si mesmos e asseguram o máximo aproveitamento do tempo para discussão das obras.

- Princípio 1: Nenhum participante que não tenha lido e resumido a obra pode participar da discussão.

- Princípio 2: O grupo pode discutir apenas a obra designada ou obras lidas/discutidas em sessões anteriores.

- Princípio 3: Os participantes não poderão introduzir autoridades externas para darem peso às suas opiniões, com exceção da Bíblia ou de leituras anteriores.

- Princípio 4: Como um líder, você só pode fazer perguntas. Evite apresentar suas opiniões ou comentários.

- Princípio 5: Todos os participantes precisam mostrar respeito uns aos outros e aos líderes.

APÊNDICE 6

PERGUNTAS PARA DISCUSSÃO TEOLÓGICA DE *A UNIDADE DA IGREJA*, DE CIPRIANO

Desenvolva as perguntas para discussão seguindo o formato abaixo. Evite perguntas "sim" e "não" e de opinião para a pergunta básica e as perguntas de desenvolvimento. Inclua o número de páginas quando possível para ajudar o grupo a voltar ao texto.

Pergunta básica

Qual é a razão principal para Cipriano argumentar que a unidade da igreja é essencial? Em outras palavras, é um problema quanto à teologia correta, política certa, uma defesa contra a heresia, está relacionado à salvação, ou outra razão?

Perguntas de desenvolvimento

1. Como o contexto de perseguição e o cisma novaciano prepararam terreno para essa obra?

2. Em que a unidade é baseada de acordo com Cipriano?

3. Que tipo de estrutura hierárquica Cipriano está promovendo? Monoepiscopal ou episcopal? Como ele entende Pedro? Qual é o papel do bispo?

4. Como Cipriano argumenta, a partir da Escritura, que a igreja verdadeira está unida em um corpo de bispos?

5. Como essa ideia impacta a compreensão de Cipriano sobre o que fazer em resposta aos apóstatas?

6. Quais analogias Cipriano usa para demonstrar a unidade da igreja, embora esta esteja dispersa por todo o mundo?

COMO LER TEOLOGIA

7. O que Cipriano quer dizer com "Não pense que pessoas boas podem deixar a igreja"? Qual é a relação entre ser "bom" e ser parte da igreja?

8. Cipriano escreve: "Ninguém pode ter Deus como Pai se não tiver a Igreja como mãe". O que ele quer dizer com isso?

9. Qual é o principal fator determinante da "igreja verdadeira" para Cipriano?

Análise

1. Quão correto está o posicionamento de Cipriano em relação à unidade da igreja de acordo com Salmos 133; João 17:20-23; 1Coríntios 1:10-17 e Efésios 4:1-16? Qual deve ser o fundamento para a unidade da igreja?

2. O que constitui a verdadeira igreja, de acordo com a Escritura?

3. Como devemos entender uma pessoa que, separada de outros cristãos, leu a Palavra de Deus, depositou sua fé em Cristo, então levou outros à fé e começou a se reunir com eles sem liderança eclesiástica?

4. Qual é o propósito e papel da igreja na vida de um cristão? Comunicar a graça?

5. Qual é a sua perspectiva sobre a governança e disciplina da igreja? Que papel ela tem desempenhado em sua vida?

GLOSSÁRIO

Aviso: as palavras teológicas podem ter uma série de significados diferentes que muitas vezes dependem de quem as está usando. Este glossário é uma tentativa de oferecer definições gerais para alguns termos teológicos comuns, usados neste livro. Contudo, é preciso lembrar que, quando procuramos entender uma palavra teológica, é sempre melhor voltar à fonte, a fim de determinar o sentido do autor, em lugar de consultar um dicionário ou glossário-padrão. As palavras a seguir são tiradas dos capítulos, e as definições são aquelas usadas pela autora deste livro.

Antropocêntrico. Uma perspectiva de mundo centralizada no homem.

Antropologia. A doutrina da humanidade é muitas vezes vista como um subtópico da doutrina na criação. Ela inclui a origem e a imagem de Deus na humanidade, gênero, a constituição natural dos seres humanos e o propósito da vida.

Apocrypha. Em grego, *apocrypha* significa "coisas ocultas ou secretas". Em geral, refere-se aos quinze livros adicionais, incluídos na Bíblia católica-romana.

Apologeta. Defende a fé cristã por meio do discurso sistemático, argumentativo ou pragmático.

Apologética. Obras teológicas escritas em defesa da fé cristã.

Arianismo. Heresia cristológica não trinitária, que surgiu com o sacerdote alexandrino Ário, no século 3, e que nega a divindade e eternidade de Cristo. O arianismo sustenta que Jesus Cristo foi criado e é subordinado ao Pai.

Arminianismo. Uma perspectiva teológica, cujo nome vem de Jacobus Arminius (1560-1609), que afirma que a humanidade conservou o livre-arbítrio após a Queda, com base na graça de Deus. Em contraste com o calvinismo, defende graça preveniente universal, eleição condicional baseada na fé prevista, expiação ilimitada (universal), graça resistível e incerteza na perseverança.

Calvinismo. Uma visão teológica, cujo nome vem de João Calvino (1509-1564), que enfatiza a depravação humana e o governo soberano de Deus sobre todas as coisas. Os cinco pontos do calvinismo, em contraste com o arminianismo, são depravação total, eleição incondicional, expiação limitada, graça irresistível e perseverança dos santos.

Catecismo. Resumo dos princípios da fé na forma de perguntas e respostas, usado para a instrução dos cristãos.

Católico. O termo *católico* pode se referir a "universal" ou à Igreja Católica Romana.

Cessacionismo. A visão de que os dons miraculosos do Espírito Santo, como profecia e falar em línguas, são limitados ao tempo em que os apóstolos estavam estabelecendo a igreja, antes da conclusão do cânon da Escritura.

Comentário. Uma série sistemática de explicações do contexto e do significado de passagens bíblicas. Os comentário são tipicamente organizados por livro, capítulo e versículo.

Concílio de Niceia. Também conhecido como o Primeiro Concílio de Niceia (325 d.C.). Esse foi o primeiro concílio ecumênico reconhecido pela Igreja cristã, convocado pelo imperador romano Constantino I. O concílio estabeleceu a doutrina da Trindade e condenou os ensinos de Ário, que consideravam Cristo inferior a Deus.

Continuacionismo. A visão de que os dons miraculosos mencionados no livro de Atos, tais como curas, falar em línguas e profecia, são dons normativos dados pelo Espírito Santo, disponíveis nos dias de hoje.

Credo/Confissão de fé. Declaração formal dos principais artigos de fé ou missão de uma igreja ou grupo religioso.

Criacionismo evolucionista. A visão de que o Deus trino criou o universo e toda a vida por meio de um processo evolucionário ordenado e sustentado por Deus, e que reflete o seu desígnio.

Cristologia. A doutrina de Cristo inclui a pessoa (natureza) e obra de Jesus Cristo.

GLOSSÁRIO **181**

Denominação. Um ramo reconhecido da igreja cristã que se apega a um conjunto de crenças ou identidade comum.

Depravação. A natureza inerentemente pecaminosa ou inclinada ao pecado em todas as pessoas, herdada de Adão e de sua queda.

Depravação total. A doutrina reformada que defende que, como consequência da Queda, a natureza humana é completamente corrupta, culpada e incapaz de ser salva sem a graça.

Diabólico. Um termo indicativo de que algo é maligno ou mau, e não conduz ao verdadeiro conhecimento e adoração de Deus.

Dialético. Uma análise teológica que inclui um diálogo com uma ideia específica ou obra teológica, ou uma reação a estas. Pode ser escrita na forma pergunta/resposta ou de diálogo. A escolástica medieval e os teólogos neo-ortodoxos geralmente empregavam esse gênero.

Discernimento. A capacidade de distinguir entre verdade e erro. Ter discernimento cristão é ser capaz de pensar biblicamente sobre tudo.

Dogma. Um sinônimo para o termo *doutrina*.

Doutrina. Uma crença ou ensino bíblico. A palavra vem do grego e significa "aquilo que é ensinado"; geralmente se refere ao conjunto de ensinamentos sustentados pelos cristãos.

Doutrina da criação. Inclui a criação do mundo e do cosmo, a relação de Deus com a criação, o estado original da criação, o Sabbath, o impacto da Queda sobre a criação, os anjos e o cuidado com a criação.

Doutrina da vida cristã. Inclui os temas do discipulado, da obediência, santidade, santificação, perseverança, das virtudes e ética cristãs.

Eclesiologia. A doutrina da igreja, que inclui a natureza da igreja, seu propósito, poder, papel e governo, as ordenanças (sacramentos) da igreja (incluindo o batismo e a Ceia do Senhor) e a adoração na igreja.

Eleito. Aquele que é escolhido por Deus, antes da criação do mundo, para a salvação.

Encarnação. O ato divino pelo qual o Filho de Deus, Jesus Cristo (o Verbo), se tornou carne (humano).

Escatologia. A doutrina do futuro, a qual inclui a morte, a segunda vinda de Cristo, as visões sobre o milênio e a tribulação, o julgamento final e a punição eterna, bem como o novo céu e a nova terra.

Estética da recepção. Uma abordagem interpretativa que entende o leitor como um agente ativo, que fornece "existência real" ao texto bíblico, dando-lhe sentido ao interpretá-lo.

Eucaristia. Outra palavra para a Ceia do Senhor.

Evangélico. O termo geralmente se refere ao ensino do evangelho. Especificamente, é uma referência àqueles que fazem parte do evangelicalismo.

Exegese. O processo de interpretação bíblica pela análise completa de um texto.

Fisicalismo não redutível. Uma visão filosófica que identifica as propriedades mentais como não idênticas às propriedades físicas, ainda que não separáveis do corpo físico.

Graça comum. Um termo usado pelos pensadores reformados para descrever a graça de Deus que é comum ou está disponível a toda a humanidade, não relacionada à salvação.

Hamartiologia. A doutrina da Queda e do pecado é muitas vezes vista como um subtópico da antropologia. Ela inclui a doutrina do mal e uma compreensão da Queda e suas consequências, a natureza e fonte do pecado, o relacionamento da humanidade com Adão, os resultados do pecado, bem como suas dimensões individuais e sociais.

Heresia. Uma crença não bíblica, contrária a uma doutrina ortodoxa essencial da fé cristã.

Humanismo cristão. Uma perspectiva popularizada durante a Renascença que enfatiza o potencial e a dignidade humana, a consciência individual, além do retorno às fontes originais, em especial a Escritura, e o estudo das línguas originais.

Inerrantista clássico (inerrantista bíblico). O entendimento da inspiração e da inerrância como expressas na declaração doutrinal da Evangelical Theological Society de 1949 e na *Declaração de Chicago sobre a inerrância bíblica* de 1978, que afirmam a "total inerrância das Escrituras" e o processo de inspiração como extensível às próprias palavras da Escritura. A Bíblia é um fundamento universal e indiscutível para o conhecimento humano.

Inerrância. A Escritura está livre de engano ou falsidade, não contendo erros em seus manuscritos originais.

Inerrância bem versada. Defende que os autores bíblicos falaram a verdade em tudo o que afirmaram.

Infalibilidade. A mensagem da Escritura não engana nem é enganosa, e é regra e guia em todos os assuntos, oferecendo um testemunho confiável para a salvação, como norma de fé e de vida.

Inspiração divina. Um termo indicativo de que as palavras da Escritura são "inspiradas (sopradas) por Deus" ou ditas por ele.

Justificação. A obra divina de tornar o pecador justo diante de Deus por meio da obra expiatória de Cristo, removendo, desse modo, a culpa e a pena do pecado, e declarando o indivíduo justo aos olhos de Deus.

Literalismo bíblico (biblicismo). Aborda a leitura da Bíblia priorizando a interpretação literal em lugar da alegórica, entendendo que a Escritura fala geralmente sobre eventos históricos, que precisam ser entendidos como declarações literais do autor. Em geral, leva em consideração figuras de linguagem e diversas formas literárias.

Livre-arbítrio. Quando usado em relação à humanidade, refere-se à capacidade de fazer e adotar escolhas não contingentes.

Método correlacional. A busca da verdade pela descoberta da correlação entre a revelação cristã e temas levantados pela compreensão contemporânea da existência humana. A revelação deve falar e fazer sentido ao contexto atual. A teologia revisionista se encaixa nessa categoria.

Método exegético literal. Procura interpretar a Escritura de acordo com o sentido simples e imediato do texto.

Método experiencial/experimental. A busca da verdade pela interação imediata da alma com Deus ou pela consciência religiosa natural. Sentimentos religiosos, intuição ou experiências racionais do indivíduo são vistas como fonte normativa de verdade, e não apenas a Bíblia. Essa abordagem presume que a verdade pode ser descoberta na esfera da experiência humana. O liberalismo protestante e o misticismo podem ser colocados nessa categoria.

Método histórico. A busca da verdade pela compreensão do mundo por trás do texto. Presume-se que a análise histórica é necessária para entender o passado e revelar a verdadeira mensagem da Escritura. Alguns teólogos liberais podem ser colocados nessa categoria.

Método histórico-crítico. A interpretação da Escritura por meio de uma investigação histórica sobre o que realmente aconteceu ou foi aludido em uma passagem. Esse método muitas vezes examina a Escritura de maneira "puramente científica", excluindo a perspectiva sobrenatural.

Método neo-ortodoxo. A busca da verdade pelo encontro com Deus na Palavra. Em contraste com o proposicionalismo (que prioriza a Bíblia) e com o experiencialismo (que prioriza a razão/experiência), enfatiza a própria revelação de Deus como o fundamento das crenças cristãs. A Bíblia é considerada um instrumento que testemunha a verdadeira Palavra de Deus – Jesus Cristo. Esse método muitas vezes procura encontrar verdades em oposições e paradoxos.

Método pós-conservador. A busca da verdade que vai além da teologia proposicional, embora ainda centralizando a teologia na Bíblia. Muitas vezes difere crítica e construtivamente da doutrina tradicional e ortodoxa.

Método praxiológico. A busca da verdade a partir da visão da realidade atual como fundamental. A interpretação começa e termina com a realidade social corrente. Essa abordagem está muitas vezes comprometida com a luta por justiça, e preocupações práticas moldam sua leitura e interpretação da Escritura. As teologias da libertação, feminista, negra e da mulher se encaixam nessa categoria.

Método proposicional (proposicional racionalista). A busca da verdade pela descoberta do sentido pretendido pelo teólogo no texto. Entende a tarefa como a reunião de dados bíblicos e a formulação de princípios teológicos a partir das informações coletadas. A Escritura é geralmente vista como o fundamento para a teologia. É frequentemente presumido que ela pode ser acessada e interpretada pela razão. O evangelicalismo conservador e o fundamentalismo são muitas vezes associados com esse método.

GLOSSÁRIO **185**

Método sistemático. A busca da verdade pela fé e razão humana. Procura desenvolver um sistema logicamente coerente e racionalmente justificável, oriundo de deduções baseadas em preceitos conhecidos. A escolástica medieval e a protestante podem ser situadas nessa categoria.

Misticismo. A prática de conhecimento e amor experiencial de Deus, com o objetivo último de se unir com ele.

Místico. Descreve um conhecimento experiencial de Deus, muitas vezes incluindo visões extáticas de Deus e descrições da união da alma com Deus.

Monismo. A visão de que a humanidade é constituída de apenas uma parte – o corpo físico.

Obra devocional. Literatura cristã escrita para crescimento e formação espiritual.

Ortodoxo. O termo vem do grego e significa "pensamento correto". Pode se referir a perspectivas de acordo com a fé cristã histórica tradicional, ou aos ortodoxos orientais e a suas igrejas.

Pecado original. O primeiro pecado do primeiro homem, Adão, que resultou em depravação humana e culpa para a raça humana.

Pluralismo. O reconhecimento do valor da diversidade das crenças, práticas e tradições religiosas. Dentro do pluralismo há uma variedade de perspectivas diferentes sobre seus valores – desde o reconhecimento de que algumas verdades existem em várias tradições religiosas até a crença de que nenhuma tradição é superior à outra.

Pneumatologia. A doutrina do Espírito Santo, que inclui sua pessoa e obra.

Polêmica. Uma argumentação teológica tratando de um tema controverso e importante, muitas vezes escrita como ataque ou defesa de uma crença.

Pós-liberalismo (método narrativo). A busca da verdade utilizando um método linguístico-cultural para a teologia. As doutrinas são vistas como moldando e fornecendo a estrutura para a experiência religiosa individual. Enfatiza a autoridade da pessoa de Cristo e das narrativas bíblicas sobre a veracidade histórica ou inerrância da Escritura. O foco está sobre as crenças e práticas da comunidade cristã.

186 COMO LER TEOLOGIA

Pós-modernismo. Um sistema de pensamento que nega a verdade objetiva e os absolutos.

Pragmatismo. Uma abordagem que determina a verdade baseada nas consequências práticas.

Presciência divina. O conhecimento infalível de Deus quanto à salvação dos indivíduos, antes da criação do mundo.

Pressuposição. Uma crença de controle ou uma suposição implícita.

Prolegômenos. Todos os assuntos introdutórios da teologia, incluindo a natureza e tarefa da teologia, e assuntos relacionados a como fazer teologia (metodologia), como se conhece (epistemologia) e quais são as fontes da teologia.

Protestantismo. Um movimento cristão que surgiu de um rompimento com a Igreja Católica Apostólica Romana na Europa, no início do século 16, a respeito de discordâncias em assuntos de fé e prática.

Quadrilátero wesleyano. Um termo cunhado por Albert Outler que se refere a uma metodologia que utiliza quatro fontes diferentes – Escritura, tradição, razão e experiência – para chegar a conclusões teológicas.

Reformado. Os ensinos reformados estão enraizados na Reforma Protestante do século 16 e enfatizam a soberania de Deus, a autoridade da Escritura, a necessidade de buscar santidade e o senhorio de Cristo sobre toda a criação.

Revelação. A doutrina aborda como Deus revela sua natureza, vontade e verdade. Inclui a natureza e propósito das revelações geral e especial, a preservação da revelação e a confiabilidade da Palavra de Deus.

Sagrado. A qualidade de ser santo ou separado.

Sermão. Um discurso expondo passagens bíblicas ou tópicos teológicos.

Sistemático. Um estudo sistemático sobre o que a Bíblia ensina sobre vários temas.

Sitz im Leben. Uma expressão alemã ("contexto da vida") usada na crítica bíblica para se referir ao contexto social de um texto.

Sola Scriptura. Uma locução latina que significa que somente a Escritura basta para a fé e prática, sendo autoridade suprema em assuntos espirituais.

GLOSSÁRIO **187**

Soteriologia. A doutrina da salvação, que inclui o plano de Deus para a salvação, a provisão de Deus da salvação na história, a aplicação divina da salvação ao indivíduo e a consumação divina da salvação.

Teísmo aberto. Essa visão, também conhecida como teologia aberta, sustenta que Deus não conhece o futuro em detalhes, mas o deixa parcialmente "aberto" (não definido) para "possibilidades" que são determinadas pelos atos livres das criaturas.

Teologia da libertação. Enfatiza a produção teológica a partir da perspectiva do oprimido e reconhece a necessidade de defender a justiça social e os direitos humanos, vendo Jesus como Salvador e Libertador. Aqui poderiam ser incluídas a teologia da libertação, a teologia negra e a teologia feminista.

Teologia feminista. Um movimento que procura considerar as Escrituras, o cristianismo e suas práticas a partir de uma perspectiva feminista.

Teólogo moral (eticista prático). Examina o relacionamento entre a Bíblia e as situações da vida real, problemas e necessidades, incluindo tópicos tais como ética médica e sexual.

Teologia própria. O estudo de Deus, que inclui a existência e conhecimento de Deus, sua natureza e obra, e a Trindade.

Teologia revisionista. Entende que a principal tarefa da teologia é explorar a correlação crítica entre as experiências humanas e os textos da tradição cristã.

Teólogo bíblico. Procura descobrir o que os escritores bíblicos, tais como João ou Paulo, sob orientação divina, acreditavam, descreviam e ensinavam no contexto de suas próprias realidades históricas. É principalmente um tipo descritivo de teologia.

Teólogo histórico. Investiga o desenvolvimento do pensamento cristão ao longo dos séculos, desde os tempos bíblicos.

Teólogo filosófico. Utiliza a reflexão, a linguagem e os métodos filosóficos no processo de fazer teologia, com o objetivo de ter uma compreensão teórica da natureza e caráter de Deus, e da relação de Deus com o mundo.

188 COMO LER TEOLOGIA

Teólogo ideológico. Explora o relacionamento entre a teologia cristã e ideologias específicas. Enfatiza a produção teológica a partir de determinada perspectiva, muitas vezes a do oprimido, reconhecendo a necessidade de defender a justiça social e os direitos humanos, e vê Jesus como Salvador e Libertador. Aqui poderiam ser colocadas a teologia da libertação, a teologia negra e a teologia feminista.

Teólogo prático. O teólogo prático se concentra na aplicação pastoral das verdades bíblicas na vida moderna.

Teólogo sistemático. Procura expressar, em construtos unificados, o ensino bíblico sobre tópicos teológicos, tais como a doutrina de Cristo, antropologia ou a Trindade.

Tradição. Uma crença doutrinária que sustenta ter uma autoridade que remonta, por transmissão, aos apóstolos, embora não esteja contida nas Escrituras.

Tratado teológico. Uma profunda exposição ou argumento que trata detidamente de um tópico teológico e investiga seus princípios.

Trindade. A doutrina afirmada no Credo Niceno que defende a existência eterna de Deus em três pessoas divinas coiguais e coeternas – Pai, Filho e Espírito Santo.

Veracidade bíblica. Relativo à confiabilidade da Escritura.

Vulgata. A versão latina da Bíblia, traduzida por Jerônimo.

ÍNDICE GERAL

Adão histórico 71-73
Adoração 36, 38, 82, 99, 100, 136-138, 140, 181
Adler, Mortimer 13, 14, 24, 25, 92, 94, 114, 115,117, 124, 126, 129, 142
Agostinho 13, 46, 84, 87, 95, 107, 109, 110, 111, 156
Anderson, Ray S. 84
Anselmo 85, 101, 139, 156
Antropocêntrico 179
Antropologia 52, 81, 82, 84, 141, 179, 182, 188
Apocrypha 121, 179
Apologética 46, 87, 179
Arianismo 179
Aristóteles 103
Arminianismo 92, 179, 180
Atanásio 49, 156
Autobiografia 87, 167
Barth, Karl 13, 84, 86, 90, 98, 160
Batismo 82, 99, 100, 181
Baxter, Richard 84, 158
Berkhof, Louis 84, 160
Bíblia de Estudo Scofield 86
biografia 87
Bird, Michael 123
Boyd, Gregory A. 54, 55, 57, 82, 162
Brueggemann, Walter 153, 154, 161
Bunyan, John 86, 158
calvinismo 179, 180
Calvino, João 16, 17, 50, 66, 84, 86, 102, 107, 137, 157, 180
Carson, D. A. 84, 163
catecismo 86, 180
Catecismo de Heidelberg 86, 158
Ceia do Senhor 70, 82, 99, 181, 182
Cessacionismo 180
Challies, Tim 16, 38,

Concílio de Niceia 49, 180
Cone, James 85, 162
confissão de fé 180
conhecimento de si 16,
continuacionismo 180
corpo de Cristo 19, 24, 35, 79
Craig, William Lane 55, 85
Credo Apostólico 86, 155, 180
criacionismo evolucionista 180
Criador 16, 135, 147
Cristologia 81, 141, 180
Damasio, Antonio 96
depravação total 122, 180, 181
Descartes, René 95, 97, 142, 143,
Deus
    conhecimento de 12, 14, 16, 17, 35, 36, 81, 91, 136, 137, 187
    graça de 91, 179, 182
    imagem de na humanidade 81, 179
    misericórdia de 36
    natureza de 15, 81
    soberania de 139, 186
    vontade de 38, 40, 91, 138, 139, 143, 144
devocional 87, 185
dialética 85
discernimento 19, 23, 24, 26, 32
dogma 140, 181
dons do Espírito Santo 65, 180
doutrina 15, 16, 81, 82, 129, 139, 140
doutrina da criação 81, 82, 181
dualismo 108
eclesiologia 82, 181
Eddy, Mary Baker 82, 133, 134, 135
Edwards, Jonathan 19, 84, 85, 91, 92, 93, 103, 159
Ehrman, Bart 98
Eleição 179, 180

Eliot, George 43, 98
Elwell, Walter A. 73, 163
Encarnação 181
Enns, Peter 123
Erasmo 86, 87, 93, 113, 115, 116, 122, 124, 125, 157
Erickson, Millard 84, 163
escatologia 82, 141, 182
Espírito Santo 14, 17, 19, 26, 29, 30, 36, 37, 39, 64, 65, 71, 81, 99, 100, 124, 130, 132, 138, 180, 185, 188
estética da recepção 88, 167, 182
ética 12, 52, 82, 84, 141, 162, 181, 187
eucaristia 122, 182
evangélico 54, 55, 65, 72, 119, 120-124, 182
Evans, Rachel Held 120, 121
evolucionismo 105
experiência 29, 56, 80, 86, 87, 89, 90, 91, 93, 96, 97, 100, 103, 104, 109, 110
falibilidade 98
Fiorenza, Elisabeth Schüssler 46
fisicalismo não redutivo 182
formação espiritual 52, 87, 185
Franke, John 123, 124
Frost, Robert 61, 62, 63, 73, 74, 75, 76,
fundamentalismo 89, 105, 120, 184
gênero 39, 83, 85, 91, 92, 93
Gladwell, Malcom 31
graça comum 136, 159, 182
Grenz, Stanley 90, 119, 162
Gunkel, Hermann 63
Gutiérrez, Gustavo 85, 105, 106, 161
hamartiologia 81, 182
Hamilton, Alexander 103
Harnack, Adolf von 57, 82, 90, 140, 141, 142, 144, 160
Hauerwas, Stanley 84, 162
heresia 38, 49, 74, 151, 155, 174, 177, 179, 182
Hitchcock, Christina 52
House, H. Wayne 73
humanismo cristão 182
Igreja Ortodoxa 67, 99
inerrância 54, 55, 90, 98, 122, 123, 124, 182
inerrância bem versada 124, 183

infalibilidade 98, 123, 183
inspiração divina 63, 183
Jesus 35, 44, 81, 131, 132, 140, 141, 146, 180, 181
Johnson, Elizabeth A. 56, 90, 162
Juliana de Norwich 87, 103, 157
Justificação 18, 159, 183
Justino Mártir 85, 87, 155
Kapic, Kelly 138
Kavanaugh, J. F. 135
Ken, Thomas 87
King Jr., Martin Luther 85
Lamoureux, Denis 72, 73, 74
Langer, Richard 25
Lewis, C. S. 14, 31, 36, 37, 49, 51, 85, 103, 146, 147
liberdade 63, 70, 82, 106
Lindbeck, George 90
literalismo bíblico 72, 73, 183
livre-arbítrio 13, 109, 118, 137, 179, 183
Lutero, Martinho 18, 25, 48, 49, 50, 56, 67, 68, 70, 71, 85, 97, 101, 102, 116, 122, 157, 168,
Machen, J. Gresham 97, 160
Mathison, Keith 68, 101
McGrath, Alister 14, 84, 164, 165
Merida, Tony 20
método correlacional 90, 183
método exegético 183
método experiencial 89, 183
método experimental 183
método histórico 184
método histórico-crítico 184
método narrativo 185
método neo-ortodoxo 90, 184
método pós-conservador 90, 184
método praxiológico 184
método proposicional 184
método sistemático 185
Milton, John 86, 117, 118
misticismo 89, 103, 184, 185
Mohler, Albert 123
monismo 108, 185
Moreland, J. P. 3, 51
Mundanismo 133
Murphy, Nancey 104, 108, 109
Nietzsche, Friedrich 137

ÍNDICE GERAL **191**

Nouwen, Henri 33, 34, 40
obras sistemáticas 50, 80, 86, 159, 160,
    161, 162, 163
O'Connor, Flannery 145, 147
O'Donovan, Oliver 84
oração 13, 33-42
ortodoxia 49, 54, 55
Osteen, Joel 105, 106
Outler, Albert C. 96, 97
Packer, J. l. 86, 139, 140, 163
pecado 29, 81, 131, 132, 133, 134, 181, 182
pecado original 185
Pelikan, Jaroslav 84
perseverança 82, 92, 180, 181
Piper, John 82
Plantinga, Alvin 84
pluralismo 65, 185
pneumatologia 81, 185
polêmica 29, 80, 85, 167, 185
pós-liberalismo 185
pós-modernismo 186
pragmatismo 186
presciência divina 54, 55, 106, 118, 186
pressuposições 68, 150, 168
prolegômenos 3, 81, 186
protestantismo 67, 186
quadrilátero wesleyano 96, 186
quadro de referência 28, 63, 68, 69
Queda 29, 81, 102, 110, 117, 118, 135,
    179, 181, 182
raça 56, 69
racionalismo 97, 146
razão 65, 70, 71, 89, 90, 96, 97, 101,
    102, 103, 109, 141, 142, 184
redenção 14, 82, 118, 139
reino de Deus 141, 142
revelação 20, 29, 32, 35, 36, 70, 71, 81,
    90, 98, 101, 110, 135, 136, 141, 183, 186
sabedoria 14, 16, 17, 18, 23, 26, 36, 37,
    40, 114, 137, 146, 147, 153
salvação 29, 35, 39, 82, 135, 141, 151, 181,
    182, 183, 186, 187
Sanders, Fred 47

santificação 82, 181,
sátira 29, 86, 87, 167
Sayers, Dorothy 14, 23, 24, 87
Schleiermacher, Friedrich 89, 97, 103,
    159
Sitz im Leben 63, 186
Sócrates 146, 147
sola Scriptura 66, 67, 74, 97, 98, 107,
    168, 186
Sölle, Dorothee 85
Soteriologia 82, 141, 187
Spurgeon, Charles 84, 145, 148
Tannen, Deborah 26
teísmo aberto 54, 55, 57, 187
teologia própria 81, 187
teólogo bíblico 28, 84, 187
teólogo da libertação 69
teólogo filosófico 68, 84, 187
teólogo histórico 84, 187
teólogo ideológico 84, 188
teólogo moral 84, 187
teólogo prático 84, 188
teólogo sistemático 84, 188
Thielicke, Helmut 16, 25, 32, 146
Tillich, Paul 84, 91, 160
Tomás de Aquino
Tozer, A. W. 84, 157
Tradição 14, 25, 29, 70, 96, 97, 99,
    100, 101, 109, 186, 188
tratado teológico 87, 91, 167, 188
Trindade 47, 49, 81, 84, 122, 141, 156,
    160, 162, 180, 187, 188
Turretini, François 46, 89, 158
Vanhoozer, Kevin 123, 127, 129, 143, 162
veracidade bíblica 132, 143, 188
vida cristã 29, 51, 82, 86, 93, 141, 181
virtudes 82, 181
Vos, Geerhardus 84
Vulgata 40, 121, 156, 188
Vygotsky, Lev 148
Whitehead, Alfred North 61, 74, 75
Wright, N. T. 84, 86, 162, 163
Zuínglio, Ulrico 70, 97, 98, 102, 157

Este livro foi impresso em 2022, pela Lisgráfica,
para a Thomas Nelson Brasil. A fonte usada
no miolo é Calluna corpo 10,5 pt.
O papel do miolo é pólen 90 g/m².